MARKENFUSION

D1719099

BIRKHÄUSER
BASEL · BOSTON · BERLIN

Markenfusion

Strategie und Gestaltung – Warum Aral kommt und BP bleibt

Herausgegeben von Bernd Vangerow und Uwe Franke,
in Kooperation mit Bettina Lehman, Franz Liebl und Claudia Mennicken

INHALT

DER UMSTELLUNGSPROZESS

RESÜMEE

Geleitwort

„Aral kommt, BP bleibt." Strategische Entscheidungen zur Markenfusion

Das Jahr 2002 war für die Deutsche BP die Initialzündung für eine neue, zukunftsorientierte Unternehmensstruktur mit attraktiven Marktanteilen und starken Marken. Die groß angelegte Integration und Neuausrichtung unter den Marken Aral, BP und Castrol hat uns viel Anstrengung und Kraft abverlangt und großartige Potenziale eröffnet. Es wurden Synergie-Potenziale von weit über den geplanten 200 Millionen US-Dollar pro Jahr identifiziert und inzwischen auch mobilisiert.

Wilhelm Bonse-Geuking

Nach einem glänzenden Geschäftsjahr 2003 haben wir unsere Stellung als die Nummer eins auf dem deutschen Mineralölmarkt konsolidiert. Entsprechend wird BP ihre führende Position auf dem deutschen Tankstellen- und Schmierstoffmarkt, einem der wettbewerbsintensivsten der Welt, nicht nur behaupten, sondern wieder weiter ausbauen.

Dass dies in so kurzer Zeit und mit erstaunlich geringen Friktionen möglich war, ist BP und unseren Mitarbeitern zu verdanken:

- BP ist nicht dogmatisch als neuer Eigentümer der Veba-/Aral-Gruppe angetreten, sondern hat stets nach der für die Integration jeweils optimalen Lösung gesucht. Die Beibehaltung der Aral-Marke ist dafür der Beweis.

- Unsere Mitarbeiter hatten von Anfang an eine positive Einstellung zur BP und konnten sich daher mit großem Engagement für eine zügige Integration einsetzen.

BP hat keinen Zweifel an ihrer Überzeugung zugelassen, dass das Engagement der Mitarbeiter für den Erfolg der Integration die entscheidende Erfolgskomponente sein werde. Für die Mitarbeiter wiederum war maßgeblich, dass die um Veba/Aral erweiterte Deutsche BP einen Eckpfeiler in der globalen Strategie der BP-Gruppe darstellte und damit eine klare Perspektive aufzeigte.

Die Entscheidung, die Deutsche BP mit Veba/Aral zu fusionieren und im deutschen Tankstellenmarkt statt mit dem BP-Schild unter der Marke Aral aufzutreten, ist Ausdruck geschäftsstrategischer Überlegungen, die weit über den nationalen Kontext hinausweisen.

Die Gesetzmäßigkeiten einer globalisierten Wirtschaft, der strukturelle Wandel im Mineralölgeschäft sowie der daraus resultierende Bedarf an neuen Geschäftsfeldern, schließlich die Notwendigkeit zur stärkeren Abdeckung der gesamten Wertschöpfungskette – all diese Motive haben die BP zur Initiierung der in dieser Dokumentation beschriebenen Prozesse bewogen. „Aral kommt, BP bleibt." – In dieser Perspektive ist dies weit mehr als ein Farbenwechsel oder eine Designfrage. Vielmehr steht diese knappe Formel für eine strategische Vision, die zum B2C-Business führt. Der „klassische Upstream-Konzern BP" bekennt sich nunmehr zum „Customer Facing Business" als seiner zweiten strategischen Säule, die die gesamte Wertschöpfungskette – von der Quelle bis zur Tankstelle – umfasst und sich auf den Kunden ausrichtet.

Durch die Integration von Aral, eines der bekanntesten und erfolgreichsten Unternehmen Deutschlands, verfügt BP nun über das dazu notwendige Marken-Kapital. Operational excellence, Service-Quality und Time-to-market – die drei wichtigsten Elemente einer ausgeprägten Kundenorientierung – sie verkörpert der blaue Diamant. Sie sind nunmehr auch die Merkmale der neuen Deutschen BP, die „Beyond Petroleum" (über Erdöl hinaus) denkt.

Der Blick auf die Aufgaben und Prozesse dieser Markenfusion zeigt, welche Anstrengungen nötig sind, um heute die Wettbewerbsfähigkeit von morgen zu sichern. Er zeigt auch, welch große Kraft in der Marke und in einem professionellen Markenmanagement liegt.

Bei der Lektüre dieser Dokumentation wünsche ich Ihnen viel Vergnügen.

Wilhelm Bonse-Geuking

Fusion oder (Kon)fusion? Zwei Marken im neuen Kleid

Sommer 2004. Eine der größten Umflaggungsaktionen im deutschen Tankstellenmarkt ist abgeschlossen. Am Ende eines komplexen und enorm aufwändigen Rebranding-Prozesses, bei dem die grünen BP-Tankstellen auf „blau" umgeflaggt wurden, existieren hier zu Lande nun stolze 2700 Aral-Stationen.

Was war geschehen?

Im Jahr 2002 übernahm der Global Player BP die Veba Oel AG, Gelsenkirchen – und damit auch Aral, zu dem Zeitpunkt 100%ige Tochtergesellschaft der Veba Oel AG. BP avancierte dadurch – von der Öffentlichkeit eher unbemerkt – „über Nacht" zur Nummer eins in Europas bedeutendstem Tankstellen- und Schmierstoffmarkt. Ökonomisch gesehen, handelt es sich um einen äußerst erfolgreichen „Deal":

Mit der Unterzeichnung des Vertrages zwischen BP p.l.c. und E.ON am 15. Juli 2001 zur Übernahme der Veba Oel AG durch BP wurde ein wesentlicher Meilenstein für die Neuordnung der Energieversorgung in Deutschland gelegt. Im Februar 2002 übernahm die Deutsche BP von E.ON 51 Prozent und im Juli die restlichen 49 Prozent der Veba Oel AG inklusive aller Raffineriestandorte, der Upstream-Aktivitäten und der Vertriebsorganisation Aral. Zusammen mit der bereits vollzogenen Akquisition von BurmahCastrol und der Einigung mit der Bayer AG über den Erwerb des 50 Prozent-Anteils an der Erdölchemie GmbH Köln (EC) wurde BP damit in Deutschland zur drittgrößten Landesorganisation innerhalb der weltweiten Gruppe und zu einem der Marktführer in den Bereichen Mineralöl, Schmierstoffe, Petrochemie und erneuerbare Energien in Deutschland und Europa. Die Deutsche BP hat nunmehr eine führende Position im Raffineriegeschäft inne und ist zugleich – mit den großen Petrochemie-Anlagen bei Köln und in Gelsenkirchen – zentrale Basis für die Petrochemie Westeuropas. Mit insgesamt über 9000 Mitarbeiterinnen und Mitarbeitern ist das Unternehmen nun Arbeitgeber für rund zehn Prozent aller Mitarbeiter der BP weltweit.

Doch dann kam die Entscheidung, die nicht nur Kunden überraschte: Der Global Player BP rüstete in einer spektakulären Umflaggungsaktion alle grünen Stationen auf das leuchtende Blau des Lokalmatadors Aral um. Anders als bei Mergers & Acquisitions üblich, entschied sich die „große" fortan die Farben der „kleineren" Marke zu tragen – kein Zeichen von Demut, sondern Ausdruck eines cleveren markt- und markenstrategischen Kalküls: Die Wertschätzung der Marke, die sehr hohe Markenbekanntheit von über 90 Prozent und die ausgezeichnete Marktposition waren dafür ausschlaggebend, das deutsche Tankstellengeschäft in Zukunft unter der Marke Aral zu führen. „Wie die Marmelade im Doughnut", so umschrieb einst BP Executive Vice-President Iain Conn als Verantwortlicher für das Downstream-Geschäft die Position von BP in Europa: außen stark, aber innen schwach. Die bereits im Juli 2001 angekündigte Fusion zwischen BP und Veba Oel brachte die starken strategischen Impulse, um diese Lücke zu schließen.[1]

In Deutschland wird nun blau getankt.

Wird es – als rühmliche Ausnahme von der Regel – im Fall von Aral und BP gelingen, zwei einstige Wettbewerber unter einem gemeinsamen Dach zusammenzuführen? Wird es möglich sein, eine stabile neue Unternehmenskultur herzustellen, die „blaue" und „grüne" Mitarbeiter in einem vereinten Markenuniversum zusammenführt? Ist es möglich, traditionell unterschiedliche Unternehmenswerte und -kulturen bruchlos zu vereinen? Oder überwiegen Reibungsverluste, philosophische Differenzen und die Unvereinbarkeiten von globalem und nationalem Unternehmen? Vor welchen Entscheidungen steht das Markenmanagement und wie lässt sich ein solcher Umwälzungsprozess gestalten? Welche Design-Aspekte sind zu berücksichtigen und wie lässt sich das Rebranding ästhetisch zufriedenstellend ausführen?

Was von außen nicht mehr zu sein scheint als ein neuer Farbanstrich, ist ein äußerst komplexer Vorgang, der das Hinschauen lohnt. Der 1. Februar 2002, der Tag, als BP 51 Prozent der Veba Oel Anteile von E.ON erwarb, setzte eine wahre Lawine in Gang – ökonomisch wie marktstrategisch, markenstrategisch wie psychologisch, organisatorisch wie logistisch. Dieses Hinschauen ist Gegenstand dieser Dokumentation. Über ein ganzes Jahr hinweg hatten verschiedene Autoren die seltene Chance, einen Fusionsprozess in allen Facetten zu erleben und aus ihrer jeweiligen Sicht zu kommentieren. Entstanden ist daraus ein Buch, das nicht nur die Komplexität einer Übernahme illustriert, sondern auch dokumentiert, wie sich die markenstrategischen und logistischen Herausforderungen gestalten lassen.

Ein Buch für Manager, Designer und Markenliebhaber, die nicht nur wissen wollen, warum sie in Deutschland jetzt „blau" statt „grün" tanken, sondern auch neugierig sind auf eine der eindrucksvollsten Markenentscheidungen in Deutschland. Ob sich auf lange Sicht eine erfolgreiche Fusion oder eher (Kon)fusion einstellen wird, bleibt abzuwarten...

Übersicht über den Inhalt
dieses Buches

Das Buch gliedert sich in fünf Abschnitte:

Die „Einführung" beleuchtet die Hintergründe der Markenfusion. Welche strategischen Entscheidungen standen hinter der Übernahme, wodurch erhält sie ihre besondere Brisanz? Franz Liebl und Claudia Mennicken nehmen sich des Themas aus markenanalytischer Perspektive an, während sich Dirk von Meer aus Sicht des Werbers mit dem Markensterben beschäftigt und Bruno Schmidt zusammen mit Isabell Hauri der Frage nachgehen, ob und wenn ja, wie Marken als Interface eines strategischen Business Designs fungieren können.

„Die Markengeschichte" illustriert, wie sich Marken im Allgemeinen und Aral/BP im Besonderen immer wieder neu erfinden, ihr Markenzeichen dem „Zeitgeist" anpassen und dennoch ihre Tradition nicht verleugnen. Dass Design – (kunst)historisch betrachtet – ein Stück Zeitgeschichte ist, dokumentiert der Beitrag von Wolfgang Ullrich. Wie sich die blaue Marke stets verändert hat und sich dennoch treu bleiben konnte, zeigt das Interview mit Rolf Gilgen, Heiner Nitsch und Bernd Vangerow – drei, die das Erscheinungsbild von Aral mitgeprägt haben.

Aral kommt, BP bleibt – hinter dieser einfachen Formel steht ein komplexer Entscheidungsprozess, bei dem Marken- und Marktstrategie dicht beieinander liegen. Der Abschnitt „Die Markenentscheidungen" zeigt, warum: Uwe Franke beschäftigt sich mit den ökonomischen Hintergründen der Umflaggung. Dass Blau nicht nur eine schöne, sondern eine im deutschen Tankstellenmarkt auch äußerst erfolgreiche Farbe ist und was (Marken)Bilder im Kopf mit Gefühlen im Bauch zu tun haben, dokumentieren die Beiträge von Eva Heller und Claudia Mennicken.

Aus Grün wird Blau. Was dies logistisch und strategisch bedeutet und wie eine solch umfassende Umrüstung organisatorisch bewältigt werden kann, wird im Abschnitt „Der Umstellungsprozess" illustriert. Im Mittelpunkt steht dabei das Verhältnis von „Innenwelt" und „Außenwelt" und die Frage, wie sich die Unternehmenskulturen zweier ehemaliger Wettbewerber unter einem Dach vereinen lassen. Wie können sich einst getrennte Markenwelten beeinflussen? Welche Umstellungsprozesse und Anpassungsleistungen werden Pächtern, Mitarbeitern und den Kunden abgefordert? Geht Orientierung verloren oder lässt sich eine neue Markenheimat finden? Exemplarischer Schauplatz der Ereignisse: eine BP-Tankstelle „mitten in Deutschland", mitten im Jahr 2003.

Das „Resümee" zeigt, dass mit dem Farbwechsel allein die Markenfusion noch nicht abgeschlossen ist. Welche Rolle dabei Identität, Kulturen und ein professionelles Markenmanagement spielen, beleuchtet das Interview mit Bernd Vangerow, als Global Brand Manager BP und ehemaliger Corporate Identity Manager für Aral selbst ein „Wanderer zwischen den Welten". Einen Ausblick gibt der Herausgeber im Beitrag „Aus grün wird blau – und dann?".

1 Anlässlich der Übernahme BP Chief Executive Officer Lord Browne: „Es ist uns in den letzten drei Jahren gelungen, in den wichtigsten Märkten hervorragende Positionen aufzubauen, aber nach der Auflösung unseres Joint Ventures mit Mobil standen wir in Deutschland ohne nennenswerte Assets da. Diese Transaktion hat das Potenzial, unsere Position schlagartig zu verändern, und das bringt uns das führende und erfolgreichste Kraftstoffgeschäft in der drittgrößten Wirtschaftszone der Welt.

Bis zum Abschluss der rechtlichen und organisatorischen Übernahme im Laufe der Jahre 2002 und 2003 ging es darum, dieses Potenzial umzusetzen und die Weichen für die beiden Ziele der neuen Konzernleitung zu stellen: BP zu einem führenden Energieunternehmen in Deutschland zu machen und die neue Stärke von BP in Deutschland zu nutzen, um das führende Petrochemicals- und Downstream-Unternehmen in Europa aufzubauen.

EINFÜHRUNG

Markenfusion
Aus Liebe zur Marke?

Markierung als Symbolisierung von Zugehörigkeit, Eigentum oder Identität ist eine alte Kulturtechnik, die wir etwa von Familien-Wappen oder vom sprichwörtlichen „Branding" des Viehs her kennen.

Franz Liebl und Claudia Mennicken

Konsumgeschichtlich gesehen, kamen Marken bzw. Markenartikel im späten 19. Jahrhundert auf, also zu dem Zeitpunkt, als die Selbstbedienungswarenhäuser entstanden. Denn ab da entfiel der Verkäufer als Mittler zwischen Ware und Kunde, musste die Ware ab sofort „für sich selbst sprechen" (Bruhn 2003). Damit sind die wesentlichen, viel zitierten Eigenschaften von Marken(artikeln) umrissen: Sie signalisieren eine definierte Qualität und reduzieren damit das Kauf- und Konsumrisiko des Konsumenten. Die Marke verweist damit de facto auf einen Vertrauenstatbestand: Wer jemals in einem Land der Dritten Welt angesichts von Gesundheitsproblemen eine risikofreie Verpflegung suchte, weiß urplötzlich auch als Hamburger-Verächter die Allgegenwärtigkeit globaler Fast-Food-Ketten zu schätzen.

Das sind nicht die einzigen Meriten von Marken. Durch die Verdichtung eines komplexen Eigenschaftsbündels auf einen einzigen symbolischen Nenner bewirkt die Marke nicht zuletzt eine Entlastung im Dschungel der täglichen Informationsüberflutung. Und dort, wo sich Produkte technologisch und funktional immer ähnlicher werden, haben es Hersteller vielfach verstanden, sich über geeignete Markenkommunikation und damit durch Besetzung mit positiven Emotionen oder sozialem Prestige zu differenzieren: „Gucci ist gottgleich geworden", resümierte etwa eine Designzeitschrift den Erfolg von Tom Ford (Eisenhut 2001), der innerhalb weniger Jahre die daniederliegende Marke zum Objekt der Begierde machte. Und der Firma Apple wird gelegentlich nachgesagt, sie habe keine Kunden, sondern Jünger. Diese quasi-religiösen Phänomene hat die Marketingliteratur der jüngsten Zeit dazu bewogen, nicht mehr nur von Markenvertrauen, sondern gar von „Marken-Credo" zu sprechen (Kunde 2000; Bierach 2003; Zernisch 2003). Dies besitzt zweifellos mehr Berechtigung als das unreflektierte Gerede von Markenkult oder Kultmarken, und zwar aus zwei Gründen, die der doppelten Bedeutung des Begriffs Credo geschuldet sind. Marken werden gemäß diesem Verständnis erstens zu einer Art Glaubenstatbestand in der Vorstellungswelt ihrer Käufer; zum zweiten verweist es auf die Bereitschaft der Konsumenten, sich zu ihren Konsum- bzw. Markenentscheidungen zu bekennen – was sich als höchst wirksame, weil authentisch erscheinende Mundpropaganda erweist.

Ob diese Differenzierung durch emotionale Aufladung nicht nur für so genannte „Luxury Brands" und designorientierte Konsumgüter gilt, sondern auch für Produkte des täglichen Bedarfs, muss offen bleiben. Die aktuelle Tendenz, mit den Werbethemen „Liebe" und „Leidenschaft" eine Emotionalisierung herbeizuführen, treibt mitunter seltsame Blüten (Hahn 2004): „Is it Love?" (Mini), „Aus Liebe zum Automobil" (VW), „Ich liebe es" (McDonald's), „Liebe, die man schmeckt" (Pfanni), „Par Amour du Gout" (Amora-Senf), „We love to entertain you" (Pro7), „Red Passion" (Campari), „Internet with a Passion" (Tiscali), „Eis aus Leidenschaft" (Mövenpick) oder „Leistung aus Leidenschaft" (Deutsche Bank). Und es steht der Erfolgsbeweis noch aus, ob die bloße Nennung eines Emotions-Begriffs bereits das nämliche Gefühl hervorruft und sich sodann nachhaltig im Markenbild der Kunden verankert.

Bei dieser Diskussion, die – wen mag's verwundern – hauptsächlich von Werbern über die Markenkommunikation geführt wird (Roberts 2004), fällt eine wichtige Grundsatzfrage weitgehend unter den Tisch, die jedoch für ein strategisches Management der Marke unbedingt geklärt sein sollte: Was ist das überhaupt, „die Marke" bzw. „unsere Marke"? Für eine Antwort auf diese Frage wird normalerweise das Markenkern-Modell herangezogen, das aus Unternehmenssicht beschreibt, was der Konsument an einer Marke wertschätzen soll. Die hinter diesem Modell stehende Logik ist eine, die nach und nach versucht, durch Abstraktion zum eigentlichen Bedeutungskern vorzudringen. Ausgehend von den physisch wahrnehmbaren Eigenschaften, über eine Beschreibung des funktionalen Grund- sowie emotionalen Zusatznutzens, wird versucht, quasi Persönlichkeitsfacetten einer Marke herauszuarbeiten. Diese werden schließlich als Ausdruck eines „Markenkerns" angesehen, eines Konzentrats dessen, was die Marke für den Konsumenten – hoffentlich – konkurrenzlos macht, wofür sie stehen soll. „Brand Essence", „genetischer Code", „Reason Why" und „Unique Selling Proposition" (USP) einer Marke sind dabei gebräuchliche Synonyme für diesen Sachverhalt.

Und dennoch: Die Frage, die aus Sicht des Strategischen Marketings vor allem geklärt werden muss, nämlich die nach der Kundenperspektive, bleibt trotzdem offen. Bereits 1986 hat Porter in seinem Klassiker „Wettbewerbsvorteile" darauf hingewiesen, dass Unterscheidungskraft im Wettbewerb sich nur dann einstellt, wenn die Kunden ein Angebot als unterschiedlich wahrnehmen und diese Unterschiedlichkeit für sich auch wertschätzen. Der Wettbewerb findet also nicht abstrakt „am Markt", sondern ganz konkret „in den Köpfen der Kunden" statt. Daraus erklärt sich, was die Konsumentenforscherin Fournier (1998) meint, wenn sie von „Consumers and Their Brands" spricht. Die Marke „gehört" sozusagen den Konsumenten, weil sie es als Kunden sind, die eine Marke nutzen und sie erleben, für sich interpretieren, sie mit weiteren Marken vergleichen und ihre Erfahrungen sowie Phantasien mit anderen Konsumenten teilen. Wie dann eine Marke tatsächlich gesehen wird, hat oftmals wenig mit der Wunschvorstellung zu tun, die in den Köpfen der Manager als Markenkern existiert (Liebl 1999). Wenn wir also die Frage nach der Marke stellen, muss sie anhand der folgenden vier Fragenkomplexe präzisiert werden:

1. Was sehen Kunden überhaupt als Marke an? Sind es nur Name, Logo und Slogan oder möglicherweise mehr?

2. Wie kommt diese Marke in den Lebens- und Vorstellungswelten der Konsumenten vor? Und wie ist deren Erleben im Zusammenhang mit der Marke?

3. Welche Zuschreibungen auf die Marke resultieren daraus? Und welche soziale Dynamik geht damit einher?

4. Sind diese Zuschreibungen homogen bzw. konsensuell oder nicht? Sind gegebenenfalls charakteristische Muster identifizierbar?

Unsere, in unterschiedlichen Branchen durchgeführten Untersuchungen zu den von Kunden wahrgenommenen Markenbildern zeigen, dass „Kerne", „Essenzen" oder „Persönlichkeiten" vielfach unzulängliche, ja teils gar irreführende Beschreibungsformen von Marken darstellen. Der Versuch, eine Marke auf den Punkt zu bringen und den einen wesentlichen, konsensuellen Gehalt herauszudestillieren, neigt zur reductio ad absurdum. Dies lässt sich anhand zweier wesentlicher Erfahrungen aus den genannten Studien festmachen:

Erstens, der Markenkern auch von bekannten und vermeintlich starken Marken ist verschwindend klein, manchmal sogar inexistent. Wenn wir beispielsweise die großen Tankstellen-Marken ansehen, kommt als der konsensuelle Kern der stärksten Marke, also Aral, nur eines zum Vorschein: blau. Und: Damit liegt Aral weit vor dem Wettbewerb. Denn im Unterschied zum Aral-Blau werden von deutschen Autofahrern die Farben der anderen Anbieter im Normalfall falsch erinnert. Diese Erfahrung macht man in praktisch allen Branchen, und sie gilt umso mehr für Logos, Slogans oder andere materielle Ausprägungen der Marke.

Was man, zweitens, auch feststellen kann: Wenn ein Markenkern denn tatsächlich existiert, dann trennt er in der Regel nicht zwischen Kunden und Nicht-Kunden. Mit anderen Worten, der Kern tendiert dazu, in strategischer Hinsicht trivial zu sein. Denn er erlaubt es de facto nicht, als Andockstelle für Maßnahmen zu fungieren, welche die Unterscheidungskraft einer Marke im Wettbewerb erhöhen.

Dies bedeutet: Der Markenkern ist gar nicht der Kern, sondern Resultat einer beschreibenden Assoziation in Bezug auf die Marke. Er ist also vielmehr die Oberfläche der Marke, noch dazu eine triviale.

Markenbilder als komplexe Orientierungssysteme

Wenn man die Kunden stattdessen mit geeigneten Methoden, die in diesem Band an anderer Stelle ausführlicher beschrieben werden, in Bezug auf die oben genannten vier Themenkomplexe befragt, ergibt sich ein ganz anderes und differenziertes Markenbild.

So erkennt man für die Marke Aral jenseits des Markenkerns „blau" ganz charakteristische Muster, die in den Erzählungen der Kunden über ihre Nutzungsformen und Zuschreibungen, quasi als „Tiefenstruktur" der Marke, zum Vorschein kommen. Dann werden plötzlich Themen virulent, die mit der Identität der Kunden zu tun haben, insbesondere wie sie sich selbst in Relation zur Marke sehen und welche Motivationslagen hinter dieser Beziehung stehen. Damit kristallisiert sich heraus, wie wenig ein eindeutiger, ex cathedra postulierter Markenkern mit der lebensweltlichen Realität des Konsumenten und seinen Befindlichkeiten zu tun haben mag. Da sich beide Dimensionen, Motivationen und Beziehungen der Kunden zur Marke, kombinieren lassen, haben wir es also insgesamt mit verschiedenen Segmenten zu tun. Diese Segmente bilden sich in jeweils sehr spezifischem Erleben und charakteristischen Mustern in den Erzählungen der Kunden ab. Diese Geschichten sind nicht nur sehr reichhaltig, was die Nutzungs- und Bedeutungskontexte angeht, in denen die Marke eingebettet ist, sie zeigen auch, dass die Marke in der Lebens- und Vorstellungswelt der Kunden nicht vornehmlich als Logo, Slogan oder als ein wie auch immer geartetes „Image" vorkommt, sondern als komplexe Problemlösung in Form eines kompletten Geschäftssystems, d.h. als so genanntes „Business Design" mit allen seinen für den Kunden wahrnehmbaren Facetten (Liebl 2001). Erreichbarkeit, Ergonomie, Ästhetik, Fehlertoleranz, Freundlichkeit des Personals oder Verfügbarkeit als Tankstellennetz spielen dabei eine Rolle, indes für jedes Segment in unterschiedlicher Konfiguration und Gewichtung. Für strategische Maßnahmen gilt es folglich zu überlegen, mit welchen Maßnahmen die Unterscheidungskraft der Marke in einem Segment verstärkt werden kann, ohne jedoch bei den anderen Segmenten Irritationen zu verursachen.

Zur Beschreibung einer Marke wie Aral mit einem komplexen Geschäftssystem – eine Gemengelage aus den eigentlichen Kernprodukten Benzin, Diesel und Motoröl, einer auf Convenience ausgerichteten Einzelhandelsfunktion sowie arrondierenden Dienstleistungen wie Waschen und Autoreparatur – ist das Markenkern-Modell wenig tauglich. Dies gilt insbesondere dann, wenn in der Folge strategische Maßnahmen zur Weiterentwicklung der Marke abgeleitet werden sollen. Viel nützlicher ist es, wenn wir die Marke als eine Art User-Interface – d.h. als symbolische, emotionale und ergonomische „Benutzeroberfläche" zum Kunden – auffassen und uns vergegenwärtigen, dass Marken letztlich Beziehungs- und Orientierungssysteme verkörpern, die aus einer Koproduktion von Anbieter und Verwender entstehen. Mit anderen Worten, angesichts ihrer Tiefenstruktur fungieren Marken als komplexe Bezugssysteme, mithilfe derer Kunden ihre Lebens- und Vorstellungswelten strukturieren. Wenn dies gut gelingt, darf man zu Recht von einer „starken Marke" sprechen – was ebenso für Gucci und Apple wie für Aral zutrifft.

Mit dieser veränderten Modellvorstellung von Marke lässt sich viel anfangen. Denn mit einem Mal wird klar, was es strategisch tatsächlich bedeutet, wenn ein Markenkern schlicht „blau" lautet. Hierzu genügt ein Blick auf die Arbeit des Fotokünstlers Ralf Peters mit dem Titel „Open Studies", in der er aus der Aufnahme einer Aral-Tankstelle sämtliche auf die Marke hinweisenden Zeichen tilgte, mit Ausnahme der Farbe. Wenn ein Aral-Kunde auf eine derart manipulierte Tankstelle führe, würde er sich dennoch unmittelbar darauf zurechtfinden. Die Orientierungsleistung bliebe gewahrt, wie man es von einer starken Marke erwartet. Nicht die Tatsache, dass es sich bei dem Markenkern just um eine Farbe handelt, welche spezifische kulturelle bzw. kulturhistorische Kodierungen und Konnotationen besitzt, ist folglich strategisch wichtig, so etwa blau als Symbol des Geldes, des Wassers oder eines Königshauses; sondern vielmehr die Tatsache, dass die Kunden über jene Farbe in ihren Köpfen ein konkretes, gelerntes Geschäftssystem bzw. Business-Design abrufen (können), das sich ihnen besser als andere erschlossen und verankert hat [Abbildung Seite 18/19].

Damit ist die zentrale Problemlage der vorliegenden Markenfusion umrissen. Wenn wir es im Falle von Tankstellen mit derart komplexen Markenbildern bei den Kunden zu tun haben, gleichzeitig aber nur eine höchst unvollkommene Kontrolle über diese Bilder möglich ist, wie kann unter diesen Bedingungen strategisches Agieren aussehen? Gibt es den „Clash of Brand Cultures" nicht nur bei den Mitarbeitern der fusionierten Unternehmen BP und Aral, sondern eben auch auf der Kundenseite?

Und schließlich geht die Problematik noch einen Schritt weiter: Zwar verstehen avancierte Managementkonzeptionen Markenführung nicht nur als Marketingfunktion im Dienste der Kundenorientierung, sondern eben auch als Grundidee der Unternehmensführung, in welcher Mitarbeiterorientierung und Mitarbeiterführung anhand der Marke und im Hinblick auf die Marke stattfinden. Bei einer Tankstellenmarke kommt hinzu, dass sie – in Deutschland – größtenteils von selbstständigen Pächtern geführt werden. Es geht also auch um so etwas wie Unternehmerführung, d.h. die Sinnstiftung für die selbstständigen

Mit einem Mal wird klar, was es strategi
Markenkern schlicht „blau" lautet.

Ralf Peters „Open Studies – Blau"; Courtesy Galerie Bernhard Knaus, Mannheim

tatsächlich bedeutet, wenn ein

Pächter und deren Mitarbeiter, die unter der Schirmherrschaft einer Marke arbeiten. Diese müssen sich mit dem Unternehmen und der Marke identifizieren und diese auch nach außen verkörpern, obwohl sie eigentlich in einem eigenen „selbstständigen" Unternehmen arbeiten. Was aber sind die kritischen Faktoren, damit die Konstellation Mitarbeiter – Pächter – Kunden nicht zum Bermudadreieck der Markenfusion wird?

Literatur

Bierach 2003 – Bierach, B.: Die Seele der Marke; in: Süddeutsche Zeitung, Nr. 119, 24./25. Mai, 2003; S. 28

Bruhn 2003 – Bruhn, M.: Markenpolitik – Ein Überblick zum ‚State of the Art'; in: DBW, Vol. 63; S. 179-202

Eisenhut 2001 – Eisenhut, J. J.: Integratives Business Design; in: form.diskurs, Nr. 8/9: Design Economy, 2000/01; S. 42–49

Fournier 1998 – Fournier, S.: Consumer and Their Brands: Developing Relationship Theory in Consumer Research; in: Journal of Consumer Research, Vol. 24, Nr. 3, 1998; S. 343–373

Hahn 2004 – Hahn, A.: Slogan-Trend: Kommunikation ist Liebe; in: Slogans.de, 29. Februar, 2004; URL: http://www.slogans.de/magazin_tre_lie.php

Kunde 2000 – Kunde, J.: Corporate Religion: Building a Strong Company Through Personality and Corporate Soul; London 2000

Liebl 1999 – Liebl, F.: Was ist schon einmalig? USP – Mythos oder Realität?; in: Econy, Vol. 2, Nr. 2, April/Mai, 1999; S. 116–117

Liebl 2001 – Liebl, F.: Vom „Defining the Business" zum „Designing the Business": Auf dem Weg in eine Design Economy; in: form.diskurs, Nr. 8/9, 2000/01: Design Economy; Verlag form : Frankfurt/M. 2001; S. 6–9 und 73

Porter 1986 – Porter, M. E.: Competitive Advantage – Creating and Sustaining Superior Performance; New York 1986

Roberts 2004 – Roberts, K.: The Saatchi & Saatchi CEO on Lovemarks – The Future Beyond Brands; New York.

Zernisch 2003 – Zernisch, P.: Markenglauben managen – Eine Markenstrategie für Unternehmer; Weinheim 2003

Müssen Marken sterben?

„Marken sind lebendige Systeme", sagt der Markentechniker und wir nicken. Aber haben Sie mal überlegt, was das bedeutet?

Dirk von Meer

Das Diktat der Bindung

Menschen, Unternehmen, Markenzeichen und Produkte streben alle in dieselbe Richtung. Sie sind der Zeit unterworfen, sie knüpfen Kontakte, tauschen sich aus, vermehren sich und vergrößern ihren Einflussbereich. Sie leben und sterben. Gegen das Letztere (und lassen Sie sich von gegenteiligen Bekundungen nicht täuschen) kämpfen die meisten beharrlich an. In Sachen Unsterblichkeit haben Marken Menschen einiges voraus. Dennoch gelten für sie die gleichen biologischen Gesetze.

Der Einstieg, er ist in Ansätzen bekannt, dreht sich immer um einen Kern, in dem Gene bereitliegen, die zu jeder passenden Gelegenheit aktiviert werden und so die Wesensmerkmale der Marke reproduzieren. Das Faszinierende ist, egal ob wir Hände, Beine oder das Gesicht einer Person betrachten, ob wir ihren Gang oder ihre Stimme hören: Wir erkennen die Einzelteile doch immer als der Person zugehörig. Bei erfolgreichen Marken ist das nicht anders.

Diese biologischen Ansätze (Selbstähnlichkeit, Genetischer Code der Marke) sind aus der Markentechnik hinreichend geläufig. Interessanterweise führt uns aber ein Exkurs in die Biologie sogar noch ein wenig weiter. Selbst für Biologen bleibt es ein Wunder, wie sich aus der Begegnung zweier Zellkerne ein neues Wesen bildet. Seit der Entschlüsselung des Gens steht die Zunft der Biochemiker vor dem Rätsel: Wie gelangt die Information der Gene an den Ort, wo sie ihre Wirkung entfaltet? Wie wird aus Botschaft Handlung?

Das Interessante dabei ist: Von der Amöbe bis zum Häuslebauer gibt es drei grundsätzliche Verhaltensmuster, die jede unserer Transaktionen seit 3,5 Milliarden Jahren prägen. Erstens: das Prinzip der temporären Bindung. Bereits in der Zelle gehen Moleküle je nach Temperatur und Lage im Raum Teilzeitbindungen ein. Die Art und Weise dieser Bindungen wird auch als Gedächtnis der Zelle bezeichnet. Molekulare Bindungen sind die Botschafter der Gene. Aber auch Moleküle sind vergesslich. Wie Modejunkies lassen sie sich durch einen stärkeren Reiz wieder auseinander bringen.

Womit wir beim zweiten Prinzip wären: dem Prinzip der Stimulanz. Nicht nur Teenager im Einkaufszentrum, auch Einzeller, Schnecken und Zierfische sind süchtig nach Anregung, jeder auf seine Weise. Zu viel Joyride ist jedoch auch für Einzeller schädlich, und das liegt am dritten Prinzip: dem Prinzip der Entropie. Das Universum, Bakterien und meditierende Mönche streben immer nach der ultimativen Balance zwischen Innen und Außen. Jeder Einzeller nimmt binnen kürzester Zeit die inhaltliche Zusammensetzung der Nährlösung an, in der er sich

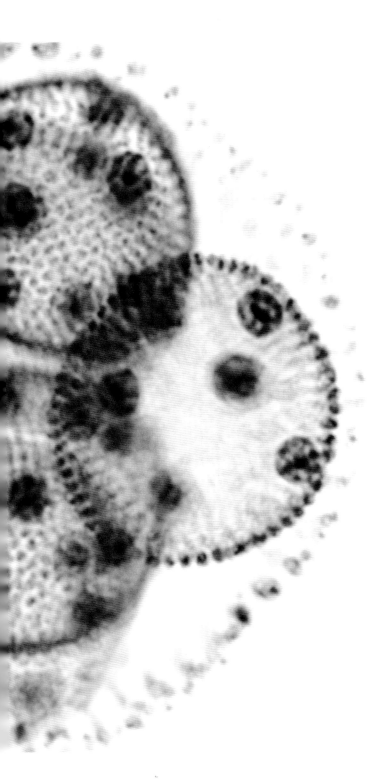

befindet. Eine Erklärung für etwas zu finden, eine Lernerfahrung vollenden, die das Gleichgewicht zwischen Welt und Ich herstellt: Entropie ist angenehm. Ist diese Außenwelt ungesund, geht die Zelle, geht der Mensch an ihr zugrunde. Aus biologischer Sicht ist Außen kein Ort, sondern ein Zustand.

Egal nun, ob auf zellularer Ebene, in den Strukturen des Reptilienhirns, in dem unsere vegetativen Systeme gesteuert werden oder im limbischen System: Der Mix aus Balancestreben und Stimulanzsuche und die Verbindung zwischen beiden Zuständen prägt unsere Entwicklung. Im Laufe der tierischen und menschlichen Evolution hat sich da nicht viel getan, sondern nur durch Anpassung verändert und optimiert. Auch die kognitive Entwicklung des Menschen setzte diese Programme bis heute nicht außer Kraft.

Mit der Entwicklung der Sprache war es uns möglich über das Dasein, den Tod oder darüber zu sinnieren, ob wir zur Abendgala lieber die rote oder die blaue Krawatte wählen sollen. Die aus solchen Gedanken resultierende Unsicherheit wird in den seltensten Fällen als angenehm empfunden. Das limbische System schätzt Unwägbarkeiten jeglicher Art ganz und gar nicht. Vor diesem Hintergrund ist es nicht erstaunlich, dass 98 Prozent der Menschheit einer Religion, einer Sekte oder einer anderen Sinngemeinschaft angehören und/oder an metaphysische Rituale und geheime Mächte glauben.

Im Zug des Wegfalls politischer und religiöser Ideologien verschaffen uns Marken durch ihren ideologischen Nutzwert neuen Sinn. Sie sind die Bedeutungshostien einer identifikationsarmen Welt. Wir sind Sinnjunkies. Marken sind keine Ersatzreligionen. Marken sind geschwätzige Götter in einem pantheistischen Universum. Unterhaltsam, erbaulich, sinnlich. Um von Marken angesprochen zu werden, müssen wir sie nicht verehren, denn sie sind ja einfach da. Marken können nicht „nicht bedeuten". Produkte nehmen heute nicht mehr nur eine funktionale Aufgabe in unserem Leben wahr, sondern sie nehmen den Platz von Identifikationsstiftern und Götzen ein, um unser Reptiliengehirn in der besagten Orientierung stiftenden Balance zu halten.

Nike ist nicht nur namentlich eine Göttin. Die Marke ist Gott allein dadurch, dass sie den Olymp der Sinnstiftung theatralisch belebt.

Das Diktat der Biologie ist ein Diktat der Bindung, der Vermittlung zwischen Einswerden und Weitergehen.

Das Diktat der Stimulierung

Vor dem Hintergrund der seit nunmehr fast zweihundert Jahre andauernden Industrialisierung und Technisierung leben wir heute auf einer Spitze der Überbevölkerung an Waren, Dienstleistungen und Marken. Mangelnde Unterscheidungskriterien kompetitiver Produkte und die begrenzte Aufnahmekapazität unserer Großhirnrinde lösen beim Menschen einen Selektionsprozess auf der Suche nach Orientierung und Balance aus. Die industrielle Evolution frisst aus diesem Grund ihre eigenen, schwachen Markenkinder.

Der darwinistische Ausleseprozess ist in vollem Gange. Schwache Marken sterben, weil sie in ihren Nischen nicht haften bleiben: unserer Vorstellungskraft. Starke Marken überspringen diese Sinn-Nischen mit Leichtigkeit. Wie von alleine produzieren sie immer neue Erscheinungsformen innerhalb ihrer morphologischen Wertschöpfungsketten – und steigern den Wert dessen, was wir als Differenz zum Nachbarprodukt zu zahlen bereit sind. Sie reproduzieren sich scheinbar selbst. Sie sind anziehend, einladend. Können Sie sich einen smart-Kinderwagen vorstellen? Sehen Sie? Selten entwickeln Marken so viel Anziehungskraft wie Harley Davidson, die es bis zu einer eigenen Tattoo-Kultur gebracht hat. Auch ein BMW-Motorrad verkauft sich sicher glänzend. Es gibt aber nur wenige, die auf ihrem Oberarm „Bayerische Motoren Werke" tragen würden.

Wem der Lebenssaft ausgeht, muss relaunchen. Die Idee ist es, alte Selbst-Attribute als belebendes Elixier in die Marke zu injizieren. Weil vielen Beratern und Managern dazu aber das Wissen um die Stammzellen der Marke fehlt und wie man damit umgeht, verrecken diese Verjüngungskuren gelegentlich zu Live-Eigenharntherapien: Man schaut interessiert zu, raucht aber weiter Marlboro. Und nicht, wie beabsichtigt, Camel – eine Marke, die sich ihren Platz auf dem Markenfriedhof über Jahre fest gesichert hat. Wer den Zellcode radikal wandelt und bis zur Historienlosigkeit entstellt, buddelt sich naturgemäß selbst ein.

Das Diktat der Balance

Marken müssen stimulieren. Sonst erlöschen sie in ihrer Ausgeglichenheit. Gut, es gibt noch einen anderen Grund, wieso Marken sterben. Sie werden gefressen. Was war noch mal D2? Mannesmann? VEAG? Viag? Heute fusioniert zu E.ON. VEW? Bei RWE nichts mehr zu sehen. Eduscho? Nun „eine neue Welt" bei Tchibo. Horten? „Freuen Sie sich" lieber auf die Galeria-Kaufhof. Unilever reduziert sein Markenportfolio von rund 1600 Marken auf 400 so genannte Powerbrands. Danke. Jede verloren gegangene Marke, ob einfach nur ausrangiert oder Teil der Loser-Brandcommunity, schafft, unter denen die noch übrig sind, mehr Klarheit, mehr Ordnung und für die Menschheit mehr Orientierung.

Was dem einen der Exitus, ist dem anderen die In-Fusion, die ihn nicht nur am Leben hält, sondern ihn wettbewerbsfähig macht. Bündelung von Kompetenzen, neue Marktstärke, Internationalisierung – was für viele Marken den Tod bedeutet, bietet anderen, eher virtuellen Marken wie Versicherungen oder Dienstleistungen, eine Überlebenschance. Vor allem dann, wenn es sich um ehemalige Staatskonzerne aus den Märkten Post, Telekommunikation und Energie handelt.

Bis heute bewegen Mega-Fusionen die Energiewirtschaft. Marktführer wie E.ON haben durch spektakuläre Zukäufe in Großbritannien und in den USA ihre Stellung weiter ausgebaut. Das Interessante ist nur: Für den Verbraucher hat sich nichts geändert. Was früher ohne Wettbewerb aus der Steckdose kam, kommt heute auch aus der Steckdose, ohne Wettbewerb. Strom wird nach wie vor nur als Strom wahrgenommen. Auch die Marketinginvestitionen der letzten Jahre konnten daran nichts ändern. Die Konzerne sind zu millionenschweren Marken geworden, aber für die Wahl der Produkte hat das keine Relevanz. Strom ist Strom, ob yello-gelb oder eon-rot, mit oder ohne Veronica Ferres barfuß im Wasser.

Der Energiesektor hat hier keinen Anspruch auf Exklusivität, sondern befindet sich in allerbester Gesellschaft, denn auch Unternehmen in anderen Wirtschaftszweigen versuchen das Beziehungsgefüge zwischen den alten Marken neu auzutrahieren, indem eine neue Marke kreiert wird. Was war nochmal Aventis? Rhone-Poulenc und Hoechst? Auch egal, denn bald schlucken wir Pillen von Sanofi-Aventis!

Gerade die Pharma-Branche scheint die Kreation von Frankenstein-'schen Marken-Monstern zu schätzen, mischt sie doch gerne die verschiedenen Stammzell-Codes zum Gencocktail durch In-Fusion: Glaxo verleibt sich Burroughs Wellcome ein, um als Glaxo Wellcome alsbald mit SmithKline Beecham zu GlaxoSmithKline zu verschmelzen. Fusionen, unterfüttert zumeist mit Hilfe von Neukreationen von Marken, schaffen auch keine neue und vor allem glaubwürdige Verbraucher-Relevanz: Das Label wechselt, das Produkt bleibt gleich. Resultat beim Konsument: Indifferenz.

Oder interessiert es Sie, dass Ihre Zigaretten nun von Lekkerland-Tobaccoland an die Tankstellenshops geliefert werden? Oder dass Sie eigentlich auch bei Fina und Elf tanken konnten, wenn Ihre Marke Total war, weil alle doch irgendwie zusammengehörten? (Alternativ Dea/Shell) Fahren Sie weniger gerne Mercedes, weil er nun nicht mehr vom Daimler, sondern von DaimlerChrysler produziert wird?

Vielleicht, vielleicht aber auch nicht, denn die Geschichte der Stimulanz durch In-Fusion ist nur dann für den Verbraucher sexy, wenn neue, aber vor allem die richtigen Membranen geöffnet werden. Denn vielleicht ist das Fahrgefühl im Mercedes gebremst, weil dem Daimler das Benz abhanden gekommen ist. Ähnliches mag Thomas Cook bewogen haben, nun doch wieder Passagiere in Condor-Flugzeuge einsteigen zu lassen. In fusionären Zeiten kann man sich des biologischen Prinzips der Exaption bedienen, nämlich das zu nutzen, was die Evolution schon hervorgebracht hat: alte, starke Marken zu reaktivieren.

Die Wahrnehmungsmembran

Wieso lassen sich so nachweislich austauschbare Produkte wie Wasser oder Zigaretten durch Werbung bestens differenzieren? Marken müssen dort stimulieren, wo sie wirken sollen. Es muss sich die Wahrnehmungsmembran an der richtigen Stelle öffnen. Öffnet sich der falsche Kanal, oder öffnet sich gar nichts, bleibt die Welt, wie sie ist. Egal ob Mensch, Amöbe oder Couchkartoffel: ohne Erregung keine Bewegung. Für den Einzeller, den die Marke ansprechen wollte, ist das nicht tragisch. Für eine Marke aber ist Balance kein gesunder Zustand.

Die Markenzeit der Fusionierten wird vielleicht erst dann kommen, wenn Markenenthusiasten und Markenbiologen wie Richard Branson, Phil Knight oder Erich Sixt ins Rennen gehen. Sie haben unsere Natur verstanden.

Marke als Interface: Business Design und Corporate Design gemeinsam entwickeln

In vielen Unternehmen wird Corporate Design auch heute noch als reines „Nice-to-have" betrachtet, in das man allenfalls in guten Zeiten investiert.

Bruno Schmidt und Isabel Hauri

Einführung

Dass dieses Verständnis zu kurz greift, ist jedem klar, der sich mit dem Aufbau von Unternehmens- oder Markenidentitäten beschäftigt. Denn der Aufbau und die Pflege eines adäquaten Corporate Design kann nachweislich nicht nur in Zeiten der Prosperität, sondern auch und gerade in Krisenzeiten viel zur Konsolidierung und zum langfristigen Erfolg eines Unternehmens beitragen.

Integrales Corporate Design, wie wir es verstehen, bildet die visuell, haptisch und im Idealfall auch akustisch erlebbare Nahtstelle von Unternehmensstrategie, Organisation und Markt. Richtig aufgesetzt und implementiert stärkt es nicht nur die Unternehmensidentität nach innen und außen, es senkt auch die Produktionskosten und schafft Mehrwert für die anvisierten Zielgruppen. Corporate Design stellt somit einen bedeutenden Produktionsfaktor dar – und als solcher bedarf es eines konsequenten, auf Langfristigkeit angelegten und idealerweise in der Chefetage angesiedelten Managements. Hier zu sparen bedeutet immer, eine große Chance zu vergeben.

Den Beweis dafür wollen wir im Folgenden nicht zuletzt anhand aktueller Fallbeispiele aus unserer Tätigkeit antreten – denn jede Theorie bleibt bekanntlich grau, bis sie in der Realität erprobt worden ist. Ziel des Artikels ist es, aufzuzeigen, wie sich das Zusammenspiel von Business Design und Corporate Design gestalten lässt und welchen Beitrag Corporate Design zur erfolgreichen Umsetzung der Unternehmensstrategie zu leisten vermag.

Die Praxis

DIE VIER GRUNDTYPEN DES WECHSELSPIELS

Der Begriff „Business Design" meint die Gestaltung der Strategie eines Unternehmens und die Umsetzung dieser Strategie auf Ebene der Geschäftsprozesse. Die Unternehmensstrategie gibt den Orientierungsrahmen vor, an dem sich alle Funktionen und Prozesse im Unternehmen ausrichten müssen. Dazu gehört auch das „Corporate Design", das sich mit der Gestaltung des visuellen Erscheinungsbildes, mit dem Unternehmensauftritt nach innen und außen beschäftigt. Ziel des Corporate Design ist es, der Identität eines Unternehmens oder Produkts einen konsistenten, klaren und für die Zielgruppe verständlichen Ausdruck zu verleihen.

Bislang ist noch wenig erforscht, wie die beiden Disziplinen Business Design und Corporate Design in der Unternehmenspraxis zusammenspielen. Einen wichtigen Beitrag zur Grundlagenforschung liefert jedoch eine im Jahr 2004 in der Schweiz durchgeführte Studie, welche das Verhältnis von Business Design und Corporate Design im Zusammenhang mit Veränderungsprozessen untersucht hat. Im Rahmen dieser Studie wurden große Schweizer Unternehmen hinsichtlich der Veränderung von Strategie und Erscheinungsbild bewertet. Auf Grundlage der daraus hervorgehenden Resultate konnte eine Typen-Matrix entwickelt werden, welche die Entwicklung der letzten Jahre visualisiert. Folgende vier Verhaltenstypen haben sich dabei herauskristallisiert

Der Traditionalist/Der Ingenieur/Der Künstler/
Der Leistungssportler

Die vier Typen-Begriffe sind nicht als Wertung zu verstehen. Sie basieren auf dem in der Studie abgefragten Selbstbild der Unternehmen und dienen lediglich der illustrativen Beschreibung.

Der Ingenieur

„Ingenieure" sind Unternehmen, die sich ohne sichtbare Konsequenzen für das visuelle Erscheinungsbild strategisch neu ausrichten. Einschneidende Änderungen im Produkt-Markt-Portfolio wurden vorgenommen, ohne dass eine entsprechende Anpassung des Auftritts erfolgte. Die Position „neue Strategie mit bestehendem Auftritt" kennzeichnet vor allem Unternehmen, deren Branche sich in einem Strukturwandel befindet. Häufig sind dies Unternehmen mit einem technischen Hintergrund.

Der Traditionalist

Viele Unternehmen haben sich trotz eines turbulenten Wettbewerbsumfelds in den letzten Jahren wenig verändert. Sie verfolgen etablierte strategische Grundsätze und haben ihr Erscheinungsbild in den letzten Jahren kaum der aktuellen Entwicklung angepasst. Primäres strategisches Ziel der „Traditionalisten" ist es, die operative Effizienz zu verbessern und wirtschaftlich fit zu werden. Unter den „Traditionalisten" finden sich Unternehmen aus fast allen Branchen, gehäuft aber Finanzdienstleister, Konsumgüterproduzenten und der Handel.

Der Leistungssportler

„Neue Strategien sind im visuellen Auftritt erkennbar." Diese Position ist kennzeichnend für Unternehmen mit einer dynamischen Entwicklung. Die Strategie wird hier in einem iterativen und breit abgestützten Prozess mit der Entwicklung des Erscheinungsbilds abgestimmt. Unternehmen unterschiedlichster Branchen gehen nach diesem Grundsatz vor. Durch die Verbindung von fokussierter strategischer Ausrichtung und prägnantem Erscheinungsbild gelingt es dem Leistungssportler immer wieder, sich dem Margendruck teilweise zu entziehen, auch in ausgesprochen preissensitiven Märkten.

Der Künstler

Der Position „neuer Auftritt bei konstanter Strategie" sind nur wenige Unternehmen und keine spezifische Branche zuzuordnen. Bei einer unveränderten strategischen Ausrichtung sehen sich nur wenige dazu veranlasst, ihr Erscheinungsbild grundlegend zu überdenken. Dies gilt insbesondere für Zeiten, welche durch eine rezessive Wirtschaftsentwicklung und damit verbundene Kostenorientierung geprägt sind. „Künstler" sind meist Unternehmen, die ihr veraltetes Erscheinungsbild (endlich) auffrischen wollen oder sich zum Beispiel gezwungen sehen, ihren Namen zu ändern und dies als Gelegenheit nutzen, das Erscheinungsbild anzupassen.

VERKNÜPFUNG VON STRATEGIE UND CORPORATE DESIGN

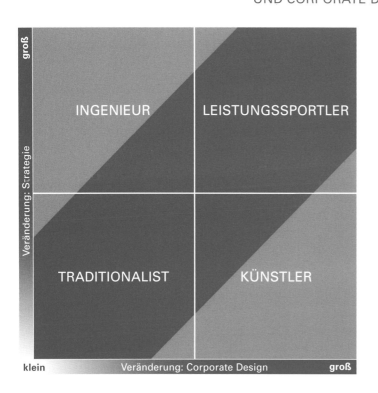

ERFOLG IN HARTEN ZEITEN

Eine isolierte Betrachtung von „Business Design" und „Corporate Design" ist – wie im Falles des Künstlers oder Ingenieurs – heute noch recht häufig anzutreffen. Strategie und Erscheinungsbild entwickeln sich in solchen Fällen ohne systematische Abstimmung. Dies zeigt sich gerade in schwierigen Zeiten, in denen die Entwicklung des Erscheinungsbilds einseitig als Kostenfaktor oder als unnötige Investition betrachtet wird. Das Resultat ist, dass das Erscheinungsbild der strategischen Entwicklung des Unternehmens hinterherhinkt. Dabei wird häufig einfach vergessen, welche Kosten und Risiken mit der Aufrechterhaltung und Pflege eines veralteten Erscheinungsbilds verbunden sind: Eigenbild und Fremdbild stimmen nicht überein, die Botschaft des Unternehmens oder des Produkts kann den anvisierten Empfänger somit nicht erreichen. Weder alter Wein in neuen Schläuchen noch neue Ideen in alter Verpackung können die Akzeptanz des Marktes erwirken. Ein Beispiel dafür ist die Marke Opel, die trotz neuem, intensiv über Werbekampagnen verbreitetem Claim („Frisches Denken für bessere Autos") Mühe haben wird, je ganz vom „Rentnerkutschen"- Image wegzukommen, da auf eine grundsätzliche Überarbeitung des Corporate Designs verzichtet wurde.

Die Studie zeigt deutlich auf, dass die Abstimmung von Business und Corporate Design den Erfolg eines Unternehmens erheblich beeinflusst. So gehören etwa Coop, Swisscom und UBS, die sich durch eine enge Verbindung von Strategie und Markenführung auszeichnen, trotz widriger Rahmenbedingungen in ihren Märkten eindeutig zu den Gewinnern der letzten Jahre. Wird jedoch versucht, eine neue Unternehmensstrategie umzusetzen, ohne sie durch eine entsprechende Veränderung des Corporate Designs zu stützen, so wird dies beim Zielpublikum letztlich keine Akzeptanz finden und alle (finanziellen, personellen) Anstrengungen verpuffen im Leeren. Dasselbe geschieht, wenn das Corporate Design zu weit vorausprescht und das reale Produkt nicht halten kann, was der Unternehmens- oder Produktauftritt verspricht. Im Idealfall wird die Gestaltung des Erscheinungsbilds also unmittelbar mit der Strategie verknüpft und auf diese abgestimmt – quasi als visuelles Spiegelbild.

Wirkungsweise des Corporate Designs: Der Mobilisierungseffekt

Dass der Umsetzungsgrad der strategischen Ziele und der visuelle Auftritt eines Unternehmens nie ganz kongruent sein können, versteht sich aber von selbst. Corporate Design soll ja auch nicht in jedem Fall einfach das „Ist" abbilden. Gerade in Veränderungsprozessen soll es vielmehr eine Vorreiterrolle übernehmen und gestalterisch das vorwegnehmen, was die Strategie zu erreichen sucht. So kann eine neue, dritte Kraft entstehen: das Phänomen, das wir den „Mobilisierungseffekt" nennen.

Im Folgenden soll dieser Mobilisierungseffekt untersucht und anhand von Fallbeispielen fassbar gemacht werden. Dabei unterscheiden wir drei strategische Funktionen des Corporate Designs. Durch Visualisierung komplexer Inhalte schafft Corporate Design Orientierung nach innen und außen und übernimmt damit eine zentrale Schnittstellenfunktion zwischen Organisation und Markt. Auf der Ebene von Geschäftsprozessen kann Corporate Design zu erheblichen Effizienzsteigerungen führen, indem es strategische Leitlinien vorgibt und Abläufe vereinfacht.

STRATEGISCHE FUNKTIONEN DES CORPORATE DESIGNS

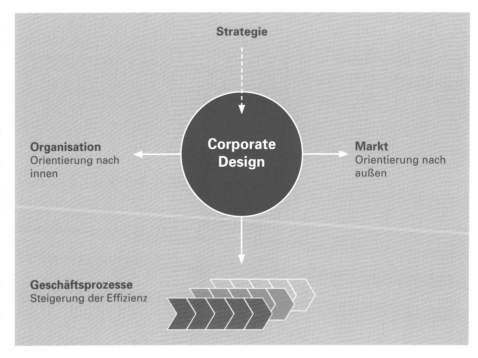

ORIENTIERUNG NACH INNEN

Strategien werden von der Geschäftsleitung meist hinter verschlossenen Türen diskutiert, entwickelt und zu Papier gebracht. Nach Verabschiedung des neuen strategischen Kurses werden umgehend die wichtigsten Maßnahmen (meist Restrukturierungen) in die Wege geleitet. Die neue Ausrichtung wird im ganzen Unternehmen verkündet und mittels Strategieworkshops in jede Abteilung hineingetragen. Spätestens bei der jährlichen Zielvereinbarung wird der Mitarbeiter dann wieder an die fünf strategischen Ziele erinnert und aufgefordert, seinen persönlichen Beitrag zu deren Erreichung zu reflektieren. Aber wie groß ist der Anteil der Mitarbeiter, die sich im Tagesgeschäft mit dem Thema Strategie befassen, die die abstrakten Inhalte der Positionierungs-Papiere verstehen und in die Tat umsetzen können? Finden die Zukunftspläne der Geschäftsleitung überhaupt Eingang in den Arbeitsalltag? Ist es tatsächlich möglich, theoretischen Gedankengebäuden über die traditionellen Kanäle Leben einzuhauchen?

Damit sie von allen Mitarbeitenden verstanden und mitgetragen werden kann, muss Strategie im Geschäftsalltag erlebbar werden. Anders gesagt: Eine erfolgreiche Strategie braucht sichtbare Zeichen. Gedruckte Leitbilder werden ebenso ordentlich abgelegt wie gerne vergessen, mehr oder weniger motivierte Reden von Abteilungsleitern hallen kurz nach, machen in der Regel aber auch keinen bleibenden Eindruck. Im Gegensatz zu flüchtigen Worten und kurzfristigen, allzu oft eher aktionistisch geprägten Events bringt das Corporate Design die Ausrichtung eines Unternehmens dauerhaft zum Ausdruck. Selbst komplexeste Inhalte lassen sich in eingängige Symbole, Bilder, Farben und Formen übersetzen und in dieser visuellen Übersetzung täglich ohne großen Aufwand und – weil weniger auf einer intellektuellen als vielmehr auf einer emotionalen Ebene wahrgenommen – nachhaltig vermitteln.

Gerade bei einem tief greifenden Wandel wie einer Fusion oder einer Neupositionierung und immer dann, wenn ein Unternehmen sich in einer Krise befindet, ist die nachhaltige Kommunikation der neuen strategischen Ausrichtung erfolgskritisch. Warum, liegt auf der Hand: Will man aus der Krise herausfinden, muss das Unternehmen möglichst rasch zu einem neuen Selbstverständnis, jeder einzelne Mitarbeiter zu einer neuen Haltung finden, muss das Verhalten der Mitarbeitenden und die Ausgestaltung der Geschäftsprozesse einer gemeinsamen Logik folgen. Erst das vertiefte, von allen geteilte Verständnis der strategischen Ausrichtung macht es möglich, die für diese Prozesse dringend benötigten inneren Kräfte zu mobilisieren und das Unternehmen in die richtige Richtung zu bewegen.

Corporate Design kann in einem solchen Change-Prozess eine maßgebliche Funktion übernehmen. Es kann den erforderlichen Umdenkprozess nicht nur mittels klarer Zeichensetzung einleiten, sondern ihn in der Folge auch steuern und beschleunigen. Denn dank der adäquaten, konsequenten Spiegelung der Unternehmensstrategie im Corporate Design lässt sich der neue Kurs im Denken und Handeln der Mitarbeitenden verankern, ohne ihn von oben „zu verordnen". Corporate Design ermöglicht den Mitarbeitenden so ohne Druck die Identifikation mit den strategischen Zielen des Unternehmens und schafft Orientierung nach innen. Ein nicht aktualisiertes Erscheinungsbild hingegen wird in einer Krisensituation die Strategie verunklären und ihre Umsetzung somit verlangsamen oder gar bremsen.

Fallbeispiel: Swiss Life

Nach 150 Jahren erfolgreicher Unternehmensgeschichte geriet Swiss Life, ein führender, europäischer Anbieter von Lebensversicherungen, aufgrund mehrerer zusammenwirkender, zu einem großen Teil von außen herangetragener Faktoren in eine Krisensituation. Unter anderem trugen der Zusammenbruch der Finanzmärkte und aus unternehmerischer Sicht erforderliche, jedoch unpopuläre Entscheidungen zu einem großen Imageverlust bei. Als Folge davon drohte sich bei den Mitarbeitern eine gewisse Mut- und Perspektivlosigkeit breit zu machen.

Bereits eineinhalb Jahre vor Eintreten dieser Krisensituation war eine neue strategische Ausrichtung kommuniziert und ein rigoroser Umbau des Konzerns in Angriff genommen worden. Ein wichtiges Element der neuen Unternehmensstrategie war die Zusammenführung der Gruppe, die sich bis anhin aus sechs völlig autonom agierenden Ländern zusammengesetzt hatte. Angesichts der schwierigen aktuellen Situation wurde nun auch die Konzernleitung komplett ausgewechselt.

Gemeinsam mit MetaDesign wurde in der Folge ein Projekt lanciert, dessen Ziel im Aufbau einer gemeinsamen Konzernmarke bestand. In Zusammenarbeit mit den Ländern wurden Inhalt und Struktur der neuen Konzernmarke definiert. Kernpunkt des Prozesses war die Zusammenführung der ausgesprochen unterschiedlichen Identitäten, welche sich über viele Jahrzehnte herausgebildet hatten, ohne den einzelnen Ländergesellschaften dabei aber die erforderliche Autonomie abzusprechen. Auch heute noch passen die Ländergesellschaften ihre Kommunikation den lokalen Gegebenheiten an, sind aber unter einem einheitlichen Markendach vereint.

Heute agiert Swiss Life wieder mit alter Kraft am Markt, das Unternehmen hat „das Ruder herumgerissen". Die Entwicklung eines gemeinsamen Corporate Designs aufgrund der Markendefinition wirkte dabei als Katalysator für das Zusammenwachsen des Konzerns und trug zu einer verstärkten Zusammenarbeit der einzelnen Ländergesellschaften bei. Der neue Auftritt wurde von Mitarbeitern in allen Ländern sehr positiv aufgenommen. Vereint unter einem neuen Zeichen, öffnete sich der Blick für das Gemeinsame, wo vorher immer nur Unterschiede betont wurden. Die in der Strategie vorgesehene Zusammenführung des Konzerns musste zunächst visuell dokumentiert werden, bevor sie bei den Mitarbeitern die erwünschte Wirkung entfalten konnte. Vielen Mitarbeitenden wurde sogar erst durch das Projekt bewusst, dass sie zu einer internationalen Gruppe gehören.

ORIENTIERUNG NACH AUSSEN

Die Märkte von heute sind geprägt durch eine enorme Angebotsvielfalt und steten Wandel. Für jedes Bedürfnis stehen dutzende, oft qualitativ gleichrangige Angebote bereit. Durch die wachsende Vielfalt wird dem Kunden die Entscheidung für oder gegen ein Produkt mehr und mehr erschwert. Er ist immer stärker auf Orientierungshilfen angewiesen, die ihm die Wahl des passenden Angebots ermöglichen. Auf der Suche nach starken Signalen orientiert er sich daher nachweisbar vermehrt an Marken. Marken sind letztlich nichts anderes als verdichtete emotionale Zeichen, die die Identität eines Unternehmens auf den Punkt bringen, dem Kunden die Identifikation mit dessen Produkt ermöglichen und damit die Brücke zwischen Organisation und Markt schlagen. Besonders in von Informationsüberlastung gekennzeichneten Märkten nimmt die visuelle Markenkommunikation eine Schlüsselrolle ein.

Mit welchen Marken ein Unternehmen auftritt und welche Botschaften diese Marken transportieren, wird durch die Unternehmensstrategie festgelegt. Das Corporate Design visualisiert die Markenidentitäten, gibt ihnen eine unverwechselbare und eingängige gestalterische Sprache und bildet damit die Basis für die gesamte Markenkommunikation. Corporate Design vermag die in der Strategie definierten Schnittstellen zum Markt – in diesem Fall das Angebot und die damit verbundene Markenkommunikation – effizient zu gestalten. Denn wie bereits oben gezeigt, lassen sich mittels starker Symbole Botschaften (und eben auch Markenbotschaften) viel einfacher und schneller vermitteln. Gehen Strategieentwicklung und Erscheinungsbild Hand in Hand, wird das Markenwissen der Kunden im Einklang mit der Ausrichtung des Unternehmens mitentwickelt. Dem Kunden bleiben so Enttäuschungen, dem Unternehmen Misserfolge am Markt erspart.

Fallbeispiel: Audi

Jahrelang durfte die Tochter von Volkswagen im Konzern vor allem neue Entwicklungen vorantreiben, die dann zuerst in den Autos von VW eingesetzt wurden. In den Augen des Publikums war Audi die verstaubte Marke für den „Fahrer mit Hut", zuverlässig, aber wenig spannend.

Das änderte sich mit Beginn der 1980er Jahre, als Audi sich das Ziel steckte, zur Premiummarke zu werden. Technische Innovationen wie der Audi Quattro waren zwar ein sichtbarer Ausdruck dieser Strategie, Audi hatte jedoch weder ein eigenes Marketing noch einen eigenen Vertrieb; all dies lief über VW. Erst Anfang der 1990er Jahre, als der Konzern beschloss, alle Marken neu zu positionieren, erhielt Audi wieder direkten Zugang zum Markt und konnte sich nun daranmachen, die

entsprechenden Instrumente zu entwickeln und das eigene Markenprofil durch Produkte und Kommunikation zu schärfen.

Audi sollte nun schnellstens in die Rolle einer Premiummarke hineinwachsen. Um die Neuausrichtung der Marke erfolgreich zu kommunizieren und den angestrebten Wechsel in der Kundenwahrnehmung zu erreichen, musste sie an jedem Punkt, an dem sie wahrnehmbar war, völlig anders auftreten als bisher. Es mussten also nicht nur neue Produkte entwickelt werden, die dem Premiumanspruch genügten, ebenso galt es, eine konsistente Markenkommunikation sicherzustellen, die mit den neuen strategischen Zielen von Audi übereinstimmte. Beauftragt wurde die Entwicklung eines Konzepts, das überall auf der Welt als Plattform für das gesamte Spektrum der Kommunikation rund um die Marke dienen konnte. Dank dieses extern entwickel-

ten CD-Systems kommuniziert die Marke heute konsistent – von der Werbekampagne mit Sound-Logo bis zum interaktiven Display beim Händler, von der Visitenkarte bis zum Event für alle Importeure, von den Websites bis hin zum Autodesign, wo Audi längst seine eigenständige Linie gefunden hat.

Wie in der Strategie vorgesehen, konnte sich Audi in der Nähe von BMW und Mercedes positionieren und wird heute als Premiummarke wahrgenommen. Zudem ist Audi an allen Standorten innovativer und produktiver geworden als je, und die Käufer haben – wie die Ergebnisse der Marktforschung zeigen – ein klares, mit den strategischen Zielen übereinstimmendes Bild der Marke.

AUDI – NEUPOSITIONIERUNG ALS PREMIUMMARKE

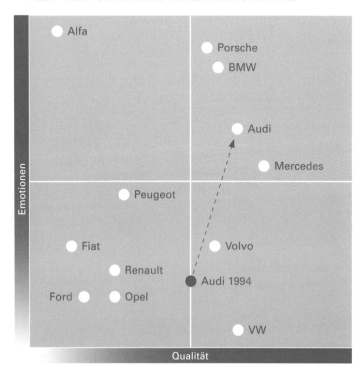

Quelle: Marketing Systems 2000

EFFIZIENTE GESTALTUNG VON
GESCHÄFTSPROZESSEN

Eine zentrale Funktion nimmt das Corporate Design bei der effizienten Gestaltung von internen und externen Geschäftsprozessen ein. Zum einen vereinfacht es durch die Ausrichtung auf ein klares Konzept alle Geschäftsprozesse, welche Design involvieren. Von der Produktgestaltung über die Gestaltung interner und externer Kommunikationsmittel bis zum Laden- und Architekturkonzept – immer bildet Corporate Design eine gültige Basis und Referenz für alle Designprozesse im Unternehmen. Diese Plattform-Funktion ist jedoch nicht der einzige Beitrag, den Corporate Design zur Effizienzsteigerung im Unternehmen leisten kann.

Auch bei Geschäftsprozessen, bei denen Design nicht unmittelbar im Vordergrund steht, trägt ein richtig aufgesetztes Corporate Design zur Steigerung der Effizienz bei. Die Kundeninteraktion kann mit Hilfe eines gut gestalteten Orientierungssystems (Leitsysteme, Gebäudebeschriftung etc.) oder durch die intelligente Gestaltung von standardisierten Kundenprozessen (Rechnungen, Formulare, Verträge) nachhaltig verbessert werden – etwas, das sich millionenfach auszahlen kann: Der Kunde spart Zeit, die Prozesse werden effizienter, schlanker und sparen damit Kosten.

Den Beweis dafür haben Untersuchungen in Holland geliefert, wo die Agentur BRS Premsela Vonk in Amsterdam die insgesamt an die 12500 verschiedenen Formulare des „Belastingdienst" (des holländischen Finanzamts) sowie die damit verbundenen Kommunikationsabläufe im Rahmen eines Corporate Design Projekts analysierte. Am Ende des Projekts konnte die Zahl der Formulare dank Analyse und völliger Neugestaltung auf 2500 reduziert werden. Eine nach der Einführungszeit durchgeführte Untersuchung ergab, dass auf dem Weg der Reduktion nicht nur die Druckkosten, sondern vor allem auch der Be-

arbeitungsaufwand der Steuerzahler selbst, die Fehlermenge beim Ausfüllen und damit auch die Zahl der Reklamationen maßgeblich reduziert werden konnte.

Weniger spektakulär, aber nicht weniger wichtig sind die Einsparungen, die Corporate Design etwa im Beschaffungswesen bewirken kann, wo klare Richtlinien dazu führen, dass z.B. Schilder, die Innenausstattung, Papier etc. günstiger (weil standardisiert) beschafft werden können. Corporate Design hilft als produktiver Faktor also überall mit, Kosten zu sparen.

Fallbeispiel: Berliner Verkehrsbetriebe/BVG

Eine flexible Strategie ermöglicht es Unternehmen, sich gleichzeitig auf verschiedenste denkbare Zukunftsszenarien vorzubereiten. So begann sich die BVG bereits 1989 vorausschauend darauf einzustellen, dass in einigen Jahren auch auf die Monopole im öffentlichen Personentransport eine völlig andere Situation zukommen würde: die Öffnung des Marktes für andere Anbieter und damit eine bis dahin unbekannte Konkurrenzsituation. Dann allerdings geschah etwas völlig Unvorhersehbares – der Fall der Berliner Mauer – und das Unternehmen musste sich trotz aller Voraussicht gänzlich unvorbereitet darauf einstellen.

Die Verkehrsbetriebe aus West und Ost wurden eilends miteinander verschmolzen und standen quasi über Nacht vor einer neuen, großen Herausforderung: Die Bevölkerung des einen Teils kannte das Verkehrssystem im anderen Teil nicht und umgekehrt. Dazu kam: Auch in Ostberlin wollten auf einmal alle Auto fahren, die es sich leisten konnten; für viele war der staatliche Verkehrsbetrieb Teil des ungeliebten Staatsapparates und wurde boykottiert.

Die Verbesserung der Fahrgastinformation wurde daher zum Schlüsselthema. Hier musste

der neue Anspruch umgesetzt werden, kunden- und generell servicefreundlicher zu sein. Es gab unzählige Möglichkeiten, dies darzustellen: von der Information über den neuen Verlauf einer Buslinie über die Fahrplanbücher und -aushänge an den Haltestellen bis zur Information an und in Fahrzeugen und dem Leitsystem in über 170 U-Bahnhöfen, das vereinheitlicht und verbessert werden musste.

Nur wenige im Unternehmen waren davon überzeugt, dass eine Designfirma für dieses Thema die richtige Adresse sei. Am Ende des Projekts war aber klar, dass die in dieser Zeit entwickelten Lösungen viel dazu beigetragen haben, den neuen Anspruch glaubwürdig umzusetzen und das Image der Marke BVG zu verbessern. Eine neutrale Institution hat zwei Schlüsselthemen analysiert und festgestellt, dass Design in diesem Fall nachweisbar Kosten spart. Allein das standardisierte Außen- und Innendesign der Fahrzeuge hat bei Neuanschaffungen und generalüberhol-

ten Fahrzeugen ein Einsparungspotenzial von mehreren Millionen Euro pro Jahr. Und das Aluminiumprofil, das für das neue Leitsystem auf allen U-Bahnhöfen eingesetzt wurde, ist pro Meter 20 Prozent günstiger als das alte System, Einsparungspotenziale durch einfacheres Handling noch nicht berücksichtigt. Und noch ein weiterer Punkt schlug sich positiv in der Betriebsrechnung nieder: Während bis dato immer „von der Stange" gekauft wurde, was die Zulieferer anboten, legte die BVG nun aufgrund der während des Prozesses erarbeiteten Vorgaben für Produkte in Pflichtenheften fest, was und wie sie dies haben wollte, z.B. bei Fahrausweisautomaten. Ergebnis: wesentlich bessere Produkte mit einfacheren ergonomischen Abläufen, die nur circa 70 Prozent der bisherigen Kosten verursachten.

SCHLUSSBETRACHTUNGEN

Corporate Design ist weit mehr als eine rein ästhetische Zutat: Es kann nachweislich einen entscheidenden Beitrag zum Erfolg jedes Unternehmens leisten. Der vermeintliche Mehraufwand, den die Entwicklung, Implementierung und Pflege eines Corporate Designs erfordert, wird – wie gezeigt – durch Einsparungen an anderer Stelle spielend wettgemacht. Voraussetzung dafür ist aber, dass es zur Chefsache erklärt und immer gemeinsam mit dem Business Design betrachtet wird. Corporate Design muss die Unternehmensstrategie spiegeln, in Change-Prozessen oft sogar deren Umsetzung einen Schritt voraus sein. Eingangs des Artikels haben wir behauptet, am Corporate Design zu sparen, bedeute, eine große Chance zu vergeben. Wir denken, dass es uns gelungen ist, diese Aussage zu belegen. Und wir hoffen, dass wir den einen oder anderen Anstoß zu einer vertieften Auseinandersetzung mit dem Thema geben konnten.

Was heißt das für den Auftritt von Aral? Das Corporate Design beizubehalten kann unseres Erachtens im Veränderungsprozess nach der Übernahme durch BP helfen, sich weiterhin mit einer etablierten Marke zu identifizieren, die man, aus welchen Gründen auch immer, bisher favorisiert hat. Für den erweiterten Konzern BP könnte dies bedeuten, Kunden zu halten, die sonst eventuell abwanderten. Die Entwicklung wird zeigen, ob diese Vermutung berechtigt ist.

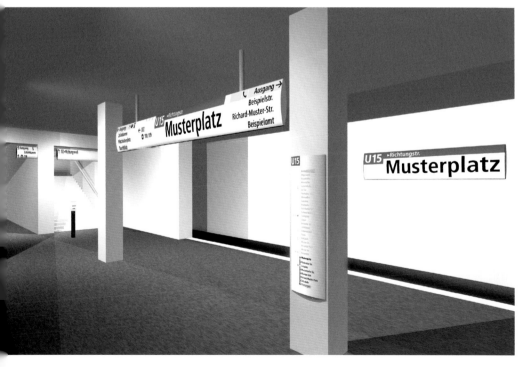

DIE MARKEN-GESCHICHTE

Wo sich das Tanken lohnt – Zur Image- und Markengeschichte von Aral und BP[1]

Ein Spielzeughersteller nahm in den 1960er Jahren ein Stück Wirtschaftsgeschichte vorweg: Auf dem Verpackungskarton einer Parkgarage ist diese auf einer Seite mit dem Aral-Logo, auf der benachbarten hingegen mit dem BP-Wappen abgebildet; beide Marken erscheinen in trauter Verbundenheit.

Wolfgang Ullrich

1918

1927

1952

1971

1999

Farbengesellschaften

Doch wäre es voreilig, hieraus abzuleiten, Aral und BP seien „immer schon" als miteinander verträglich angesehen worden. Selbst die näher liegende Erklärung für dieses bemerkenswerte Arrangement, wonach sich der Spielzeughersteller um „parteipolitische" Ausgewogenheit bemühte und Hauptkonkurrenten am (deutschen) Benzinmarkt paritätisch berücksichtigen wollte, dürfte nur zum Teil richtig sein. Zwar ist auf der dritten Seite – das soll nicht verschwiegen sein – dieselbe Garage nochmals mit dem Esso-Zeichen zu sehen, womit ein weiterer großer Mitbewerber auf den Plan tritt; doch wird dadurch auch plausibel, dass für die Auswahl der Logos vor allem die unterschiedlichen Farben maßgeblich gewesen sein dürften: Mit Blau, Grün und Gelb sowie Rot ließen sich die wichtigen Farben – für Kinder die vier wichtigsten Farben – auf einem einzigen Karton versammeln.

Umgekehrt galt auch: Man konnte diese vier Farben jeweils mit einer Kraftstoffmarke in Verbindung bringen – oder gar identifizieren. Tatsächlich dürfte es, zumindest über einen längeren Zeitraum hinweg, keine andere Branche gegeben haben, bei der die Differenz zwischen verschiedenen Anbietern für viele – nicht nur für Kinder – so sehr und primär eine Differenz in der Farbigkeit bedeutete; man nannte die Benzinkonzerne deshalb sogar „Farbengesellschaften".[2] (Die Stromfirmen versuchten in den letzten Jahren eine ähnlich eindeutige Codierung ihres Markenauftritts über die Farbe, während bei den Tankstellen infolge zahlreicher neuer Marken das Feld unübersichtlicher geworden und inzwischen nicht mehr klar nach Farben abgesteckt ist.)

Ihre Erkennbarkeit über die Farbe prägten die einzelnen Kraftstoffmarken jedoch unterschiedlich intensiv aus. Die größten Anstrengungen unternahm auf jeden Fall Aral – und dies bereits seit 1927, als das Gelb und Schwarz, in dem das Logo des Benzolverbands bis dahin gedruckt worden war, aufgrund einer Verwechslungsgefahr mit den damals neu eingeführten Verkehrsschildern in Blau-Weiß umgewandelt wurde. Wenige Jahre später (1930) ging man erstmals dazu über, das eigene Benzin blau zu färben, um schon auf den ersten Blick eine Unverwechselbarkeit gegenüber den Erzeugnissen der anderen Hersteller zu garantieren, die jedoch zum Teil nachzogen und ihr Benzin ebenfalls markentypisch tönten. 1965 wurde auch das Normalbenzin von Aral blau, und in einer begleitenden Werbekampagne hieß es unmissverständlich: „Aral fließt blau". Schon in den 1930er Jahren hatte man versucht, die Vokabel „aralblau" zu etablieren, wobei der Blauton anders als der von „preußischblau" oder „königsblau" jedoch nicht als Pigment gekauft werden konnte, sondern von Aral geschützt und damit monopolisiert worden war.

Andere „Blau-Aktivitäten" begleiteten die Markengeschichte von Aral. Eine Kundenzeitschrift, die Ende der 1950er Jahre ediert wurde, trug den Namen „Blaumeise", und auf Anzeigenmotiven vor allem der 1960er Jahre tauchen neben dem Blau, das in vielen Tönungen verwendet wird, keine anderen reinen oder markanten Farben auf (was auch damit zu tun hatte, dass sich gewiss ein Konkurrent gewehrt hätte, wären die Anzeigen von Aral auf einmal auffallend rot oder aber besonders grün und gelb gewesen...). Doch nicht nur in den Anzeigen dominierte das Blau; selbst die Tankstellenpächter dürfen bis heute keine Plakate aufhängen, auf denen rote, grüne oder gelbe Farben dominierten, hatten also Pech, wenn sie Fans vom FC Bayern oder von Borussia Dortmund waren.[3] Seit 1970 entdeckte Aral schließlich sogar den blauen Himmel als größtmögliche Fläche, die bereits ganz natürlich die Unternehmensfarbe trägt, und verstand es, die eigene Marke damit zu verknüpfen: Schönes Wetter und die Vorstellung, unbeschwert „ins Blaue zu fahren", gehören seither zu den Assoziationen, die man mit Aral haben kann.

Aber schon das Aral-Logo schuf eine engere Farbbeziehung, als das bei BP (oder auch bei Esso) der Fall war: Statt nur den eigenen Markennamen in einer bestimmten Farbe zu schreiben oder eine vorgegebene Fläche einzufärben, die Farbe also als etwas Sekundäres zu nehmen, machte man das Blau im auf der Spitze stehenden blauen Quadrat eigens zum Thema. Signalisiert wurde: Aral gehört zum Blau, während etwa bei BP der Eindruck entstand, man bediene sich lediglich des Grün und Gelb, um Buchstaben und Wappen zu markieren. Eine Aral-Anzeige aus dem Jahr 1965 treibt das Bekenntnis zur Farbe Blau besonders weit; hier wird das Logo von zwei rechteckigen, ineinander verflochtenen Rahmen umgeben, die, da sie ihrerseits blau sind, das gesamte Arrangement wie einen großen Lobpreis auf die Farbe erscheinen lassen [Abbildung Seite 41].

Zugleich fühlt sich der Betrachter an ähnliche Kompositionen in der modernen Malerei erinnert, an Arbeiten von Josef Albers oder erst recht von russischen Suprematisten, vor allem von Kasimir Malewitsch, dessen schwarzes Quadrat zu den Ikonen der Kunst des 20. Jahrhunderts gehört (und das es ebenfalls in verschiedenen Variationen und Paraphrasen gibt). Aber an moderne Kunst lässt sich bei Aral auch insofern denken, als es mit dem Blauen Reiter sowie mit Yves Klein zumindest zweimal passiert ist, dass gerade das Blau zum unverwechselbaren und besonders einprägsamen Markenzeichen gewählt wurde. Waren Franz Marc und Wassily Kandinsky noch von der Romantik und der Sehnsucht nach der „blauen Blume" beeinflusst, hofften sie mit dem Blau ihres Reiters also auf den Aufbruch zu Transzendenz und Unendlichkeit, verband Yves Klein das Blau – konkret: ein tiefes Ultramarinblau – mit der Weite des Meeres und mehr noch des Himmels. Im Unterschied zu den anderen Farben stand es für ihn jenseits aller Dimensionen und war insofern auch universell – eben genauso weltumspannend wie der Himmel.

Entsprechend gab er dem von ihm als besonders rein favorisierten Blau im Jahr 1960 den Namen „International Klein Blue" (IKB) – und nahm damit vorweg, was rund 40 Jahre später im Zuge der Globalisierung allenthalben zu beobachten ist: Die Zeitschrift Wired veröffentlichte 2003 eine Graphik, die unter dem Titel „The Battle for Blue" aufzeigt, dass sich ein Großteil der international agierenden Unternehmen nahezu aller Branchen mittlerweile gerade von einem Ultramarinblau im Farbauftritt eine positive Wirkung verspricht[4]. Keine andere Farbe scheint vergleichbar große interkulturelle Sympathie zu finden und ebenso seriös wie auratisierend zu wirken, was auch eine Untersuchung von Vitaly Komar und Alexander Melamid belegt, die (als Künstler) in vierzehn Ländern erforschten, wie das Lieblingsbild der Menschen aussehen würde: Blau (von Himmel oder Wasser) wird dabei favorisiert.[5] So verwundert es nicht, dass auch Aral das 21. Jahrhundert damit begann, das altbekannte Blau zu ultramarinieren – selbst um den Preis, dass damit ein bei den Kunden tradiertes Farbbild verloren ging.

Wo Fortschritt ist, da ist ARAL

Kinderprogramm

Doch zurück ins 20. Jahrhundert – und zum Spielzeug. Obwohl es Marken mit Hauptfarben im Logo leichter hatten, von Spielwarenherstellern für ihre Tankstellen, Garagen, Güterwaggons und Lastzüge ausgewählt zu werden, existierten dennoch Unterschiede: Kinder mögen offenbar am liebsten Rot, auch Gelb ist beliebt, vor allem aber finden Logos mit konkreten Formen Gefallen. Daher hatte Shell lange Zeit die besten Voraussetzungen, um miniaturisiert in die Kinderzimmer Eingang zu finden.[6] Zudem dürfte kein anderes Kraftstoffunternehmen so viel Engagement und Geld darauf verwendet haben, das eigene Logo überall da auftreten zu lassen, wo auch Kinder sind: Bekanntlich gibt es nicht nur bei Graugänsen eine frühe Prägephase, und die ersten Kontakte mit Markenlogos können vorentscheidend für das Konsumverhalten im gesamten weiteren Leben sein.

Aral und BP war dies ebenfalls schon früh bewusst, weshalb man immer wieder Kontakte zu den Spielwarenfirmen suchte. (Am Ende der 1990er Jahre hat sich BP jedoch überraschend dazu entschlossen, eine Verwendung der eigenen Marke für Spielzeug zu unterbinden, um nicht in den Verdacht des Niedlichen zu kommen.[7]) Die Spielwarenhersteller waren ihrerseits froh, wenn sie ihre Produkte möglichst authentisch, mit echten Logos, gestalten konnten, gilt doch nicht nur, dass Kinder später einmal bevorzugt die Marken kaufen, die sie von klein auf kennen, sondern ebenso, dass sie am liebsten mit den Sachen spielen, die ihnen bereits bekannte – oder jederzeit wieder begegnende – Elemente enthalten, ja die ein Stück realer Welt genau wiedergeben. Tankstellen mit Phantasielogos ließen sich daher schlechter absetzen als Modelle, die das Markenzeichen wenigstens eines großen Unternehmens trugen. (Der Handel bot sogar Tankstellen an, die nebeneinander Zapfsäulen von drei Hauptmarken hatten – dies eine Superfusion oder ein Maximum an Markenseligkeit, um sicherzugehen, dass für jeden etwas wiederzuerkennen sein würde.)

Da Kraftstoffhersteller und Spielwarenproduzenten ein gegenseitiges Interesse aneinander hatten, war nie ganz klar, wer wem zahlen musste. Mit relativ geringem finanziellen Aufwand konnte es Marken wie Aral oder BP jedenfalls gelingen, die Marktanteile in der Spielwarenindustrie deutlich zu erhöhen, und manchmal ließ sich sogar etwas Geld verdienen, weil ein Hersteller für ein Produkt ein ganz bestimmtes Logo haben und die Lizenz dafür erwerben wollte. Die Entwicklung solcher Lizenzverträge erlaubte natürlich interessante Rückschlüsse auf die jeweilige Beliebtheit einer Marke; doch wurden die meisten hierfür relevanten Dokumente offenbar längst weggeworfen. Ebenso ergiebig für eine Erforschung von Markenimages könnten die genauen Verkaufszahlen einzelner Tankwägen oder Parkhäuser sein, da damit zu rechnen ist, dass sich das Spielzeug mit den Logos der Marken am leichtesten absetzen ließ, die auch das jeweils beste Image hatten. Spielzeughersteller bestätigen dies sogar ausdrücklich, halten ihre Zahlen aber lieber zurück – oder haben sie zum Teil auch nicht mehr. Natürlich bleibt dann noch die Möglichkeit, aus Produktkatalogen Konjunkturen abzulesen, wobei die Untersuchung dadurch erschwert wird, dass die meisten Firmen Tanklastzüge, Waggons oder Tankstellen mit den Logos verschiedener Treibstoffmarken parallel im Angebot hatten. So klar wie bei Siku geht es selten zu, wo man zwischen 1968 und 1979 ausschließlich das Aral-Logo auf die Tankzüge druckte, dann drei Jahre lang Esso den Vorzug gab, bevor zwischen 1983 und 1989 allein das BP-Wappen zum Zuge kam, das dann wiederum von der Shell-Muschel abgelöst wurde, die mittlerweile zuerst Dea, dann Jet weichen musste.

Mehr als Fragmente und Indizien für eine historische Imageanalyse der Kraftstoffbranche liefert eine Bestandsaufnahme der jeweiligen Markenwahl der Spielzeugindustrie also nicht. Leichter zu ermitteln ist hingegen, was sich die Kraftstoff-Firmen selbst noch alles einfallen ließen, um gerade bei Kindern Eindruck zu machen. Aral gab etwa ein Malbuch, Modellierbögen oder ein „Buntes Taschenbuch für junge Aral-Freunde" heraus, das vom Kalender bis zu kunsthistorischen Grundbegriffen allerlei Informatives enthielt. Am Ende der 1950er Jahre beauftragte man den renommierten Kinderbuchautor Hans Baumann, eine Geschichte zu schreiben, die unter dem Titel „Brennende Quellen" von zwei Jungen erzählt, welche eine Reise zu Orten unternehmen, an denen Öl gefördert und raffiniert wird. Hier wird auf sachliche Weise technische Aufklärung geleistet, und abgesehen davon, dass auf dem Cover sowie auf der letzten Fotoabbildung des Buchs, das die Tankstelle gegenüber der Hauptverwaltung in Bochum zeigt, das eigene Logo auftaucht, hielt sich Aral mit Eigenwerbung in diesem Fall dezent zurück.

Trickfilme, die in den 1950er Jahren im Vorprogramm der Kinos als Werbung liefen, richteten sich zwar eher an Erwachsene als an Kinder, fanden bei diesen aber den größten Zuspruch, nicht nur weil sie witzig gezeichnet waren, sondern weil die jeweiligen Marken darin meist personifiziert auftraten, womit sich ein positives, aber immer auch leicht biederes Image aufbauen ließ (weshalb die meisten Marken schon wenige Jahre später indirektere Wege der Imageinszenierung bevorzugten, die dann aber auch nicht mehr so kinderfreundlich waren). Aral hatte großen Erfolg mit einigen seiner Trickfilme, deren Zuschauerzahlen weit in die Millionen gingen, errang sogar internationale Preise, wenngleich Dr. Aralbert, der mit weißem Mantel und großer Brille Aral verschrieb, im Unterschied zu Lurchi, dem HB-Männchen oder etlichen anderen Kunst- und Kultfiguren der Werbewelt nie zu den wirklich prominenten Markenmaskottchen gehörte (und bei einer diesem Thema eigens gewidmeten Ausstellung, die 1991 im Deutschen Werbemuseum stattfand, sogar ganz vergessen wurde.[8])

BP kam spätestens am Ende der 1970er Jahre zu zahlreichen jugendlichen Fans, als man aus dem HSV-Star Kevin Keegan die Figur des „Super-Kevin" formte, der in Comics für Unterhaltung sorgte und mit der Parole „Stopp den Energie-Galopp" zugleich ökologisches Bewusstsein ansprechen sollte. Aber schon 1971 bereitete man Kindern und Jugendli-

chen eine besondere Freude, hatte man doch die Idee, „echte Geldmünzen aus aller Welt" auszugeben: Wer für mindestens zwanzig Liter tankte, bekam eine Münze als Giveaway, was nicht nur den Sammeltrieb anheizte, sondern auch die internationale Reichweite von BP signalisieren sollte. So wurde das Verschenken exotischer Geldstücke in einer Werbekampagne auch damit begründet, dass „BP Verbindungen hat, Verbindungen in der ganzen Welt". Wegen des großen Erfolgs lief diese Aktion viel länger, als zuerst geplant war, und lieferte manchem späteren Numismatiker den Grundstock seiner Sammlung.

Glückauf und braver Peter

Das Flair von fernen Ländern hatte Aral allein schon wegen seines Namens. Immerhin ließ sich in jedem Weltatlas tief im Osten der Aral-See entdecken, was manches Kind auf die Idee gebracht haben mochte, dieser bestehe geheimnisvoller Weise nicht aus Wasser, sondern aus Benzin. Eine Art von Niemandsland war den meisten auch der Ural – oder sollte man bei Aral doch lieber an andere Marken denken, an Odol oder Ponal? Auf jeden Fall: Aral klang (und klingt immer noch) ein bisschen exotisch und fremd, was typisch für viele Marken ist, die in den ersten Jahrzehnten des 20. Jahrhunderts kreiert wurden und die Salem Aleikum oder einfach nur Nil hießen. Ihre Namen sollten die Phantasie der Kunden stimulieren, ja bewusst mit unerreichbar weit entfernten Orten in Verbindung gebracht werden (auch wenn Aral ein Kunstname aus den Grundsubstanzen des Produktes Benzin ist: ARomate und ALiphate). Indem man etwas von einer solchen Marke kaufte, konnte man dann nämlich die Illusion genießen, ein Souvenir von einer Reise zu erwerben, die man gar nie hätte machen können.

Doch Aral war nicht nur eine Marke, die als Reiseersatz fungierte, im Logo spiegelte sich zugleich die zweite wichtige Aufgabe, die Labels zumal in ihrer Frühzeit besaßen: Sie mussten seriös wirken, was sich am besten dadurch erreichen ließ, dass sie Tradition ausstrahlten. Die beiden Hämmer, die dem blauen Aral-Quadrat als Bergwerkszeichen bis in die 1970er Jahre hinein eingeschrieben waren, sorgten für die nötige Solidität, da der Verweis auf das Ruhrgebiet den Kunden deutsche Wertarbeit garantierte. Die Ergänzung des Hammerpaares um die Buchstaben „B" und „V", mit denen der ursprüngliche Benzol-Verband abgekürzt wurde, erinnerte zudem an die Anfänge der „alt-bewährten Marke" (so stand es in einer Anzeige von 1960), deren bereits respektable Geschichte als Ausweis ihrer hohen Qualität gelten konnte. Schließlich verwendete Aral zumindest bis in die 1960er Jahre in Werbepublikationen immer wieder den typischen Bergmannsgruß „Glückauf!" oder edierte am Ende der 1950er Jahre eine Serie von zwölf Bildkarten, die das Ruhrgebiet vorstellten und in großer Auflage verschickt wurden.

Aral bediente in seinem Markenauftritt also auf geschickt wirkungsvolle Weise gleichermaßen Fernweh und Heimatverbundenheit, hochfliegende Phantasien und den Stolz auf Bodenständigkeit.[9] Im Fall von BP waren die Verhältnisse komplizierter, zumal die Geschichte des Unternehmens in Deutschland mit Olex, einem der ältesten Kraftstoff-Fabrikate, begann, das in den 1920er Jahren in mehreren Etappen übernommen wurde, aber noch bis nach dem Zweiten Weltkrieg unter seinem Namen weiterlief. Olex gehört seinerseits zu den Markennamen mit exotischem Charakter, der dadurch noch verstärkt wurde, dass das Unternehmen, das ab 1923 das erste halbwegs dichte Tankstellennetz aufbaute, mit Bauten auffiel, die sehr abwechslungsreich und nicht selten geradezu orientalisch-verspielt waren, wie kleine Tempelchen unbekannt geheimnisvoller Kulte, die plötzlich in jedem größeren Ort auftauchten und als Fremdkörper inmitten des Stadtbilds wirkten. Man begegnete ihnen (ähnlich wie heutzutage Handy-Masten) nicht ohne Misstrauen, da die Angst, das Benzin könnte sich entzünden und verheerende Stadtbrände zur Folge haben, groß und weit verbreitet war.[10] Andererseits fanden sich dennoch immer Schaulustige ein, wenn es darum ging, eines der damals erst wenigen Automobile zu betanken.

So divers die Baustile waren, die Olex-Tankstellen zitierten, so heterogen war die Markeninszenierung auch sonst, weshalb sich von einem „Corporate Design" noch kaum sprechen ließ. Zwar hatte man sich auf Gelb und Blau als Unternehmensfarben geeinigt, doch war schon der Firmenname bei beinahe jeder Tankstelle in einer anderen Schrifttype geschrieben. Vielleicht werden sich künftige Marketingstrategen einmal gerne an Olex orientieren, denn sollte postmodernes Denken in Markenkampagnen verstärkt Eingang finden und „Corporate Diversity", ein durch Abwechslung und Vielfalt imponierendes Erscheinungsbild, zu einer Mode werden, dürfte es nur wenige Beispiele aus der Geschichte der Markenkultur geben, die ähnlich überzeugend als visionäre Vorläufer erscheinen könnten. Auch der Name Olex hat übrigens längst wieder einen schick-zeitgemäßen Klang (vor allem wegen des „x", das sich als Modebuchstabe der letzten Jahre entpuppt hat), und so wundert es nicht, dass er heute, da er von der Kraftstoffbranche nicht mehr besetzt ist, gleich von mehreren Firmen neu entdeckt wurde: Es gibt Olex-Software oder ein Olex-Kartographiesystem, ein Grafikbüro, das auf den Namen Olex hört, sowie einen Elektrofachhandel und einen Hersteller von Industriekabeln, die sich jeweils Olex nennen.

Wenn sich bei Olex-Tankstellen keine eindeutige „Corporate Identity" ausprägte, dürfte dies auch damit zu tun gehabt haben, dass ab dem Ende der 1920er Jahre dort zugleich das BP-Logo auftauchte. Dieser Namensmix mochte sogar verwirren, wobei es strategische Gründe gehabt haben dürfte, dass BP nicht nur in eigenem Namen auftrat. Ein britisches Unternehmen musste mit Ressentiments in Deutschland rechnen, und nach 1933 hätte es wohl sogar offene Boykotts gegeben, wäre den Kunden klar gewesen, dass ihr Geld nach London floss. Tatsächlich unternahm die BP etliche Anstrengungen, um die wahre Bedeutung des „B" im Namen zu verschleiern. Besonders absurd mutet im Nachhinein der Versuch an, „BP" den Deutschen als Abkürzung für „braver Peter" nahe bringen zu wollen und die Kunden „mit deutschem Gruß" anzusprechen [Abbildung Seite 45]. Selbst nach dem Zweiten Weltkrieg, als Olex als Markenname ganz verschwand, leitete BP seine Markenbuchstaben in Deutschland noch nicht von der

British Petrolium Company" her, sondern nannte sich ganz offiziell „Benzin- und Petrolium-Gesellschaft mbH". Erst 1974 wurde daraus die „Deutsche BP Aktiengesellschaft".

Das als Logo fungierende BP-Wappen, das von dem berühmten Designer Raymond Loewy entwickelt wurde (der übrigens auch die Shell-Muschel entwarf), sorgte dafür, dass trotz aller Namensunklarheiten ein vertrauenserweckendes Markenimage entstehen konnte: Die Form des Wappens ist nicht nur sehr traditionsbewusst, sondern erinnert auch an jene Primärfunktion von Marken, wonach diese Seriosität und Qualität garantieren sollen. Bekanntlich waren Wappen ehedem oft zugleich Handelszeichen und signalisierten, dass jemand mit dem Ruf seiner gesamten Familie und Herkunft für eine Sache bürgt. Wie sehr BP dann schon bald über sein Wappen definiert wurde, belegen mehr noch als firmeneigene „Corporate Design"-Maßnahmen variationsreiche Wiedergaben und Interpretationen, die Tankstellen-Pächter vornahmen. So befand sich etwa in einer Tankstelle in Lörrach ein schmiedeeiserner Wandschmuck, der aus Bohrtürmen sowie dem auf seine Wappenform reduzierten BP-Logo bestand.

Da das Wappen längst in das kollektive Bildgedächtnis Eingang gefunden hat, war es vor einigen Jahren auch ein folgenreicher und nicht unriskanter Entschluss, es durch das Logo einer stilisierten Blüte zu ersetzen. Mag damit Freundlichkeit und ökologisches Bewusstsein behauptet werden, so wird mit BP doch noch länger und ganz fest das Wappen assoziiert bleiben; auf einem alten Markenlogos gewidmeten Internet-Friedhof hat es entsprechend sogar einen eigenen „Grabstein", und im Kondolenzbuch finden sich etliche betrübte Äußerungen über den Logo-Wandel, aber immerhin auch ein paar Kommentare, die das neue Logo freudig begrüßen.[12] Allerdings dürfte kaum jemand aufgefallen sein, dass die kreisrunde Blüte formal an das Feuerrad anknüpft, das das erste BP-Logo (damals übrigens noch in den britischen Landesfarben) bildete und das ähnlich zuvor bereits von Olex verwendet worden war: Aus ehedem sechzehn Feuerzacken sind mittlerweile achtzehn Blütenblätter geworden.

Markenwerbung vor 1914

Entwicklung der Markenzeichen 1920–1979

Images in Bewegung

Nicht nur für das Design seines Logos engagierte BP eine Jahrhundert-persönlichkeit, sondern auch Werbung versuchte man – wenigstens einmal – mit einem international renommierten Künstler zu machen. Dabei handelte es sich um den Zeichner Olaf Gulbransson, berühmt seit seinen Illustrationen für den „Simplicissimus", der 1951 vier Motive einer Anzeigenkampagne gestaltete – übrigens für BP-Motorenöl und nicht für Benzin, das in den Jahren nach dem Zweiten Weltkrieg nämlich nicht beworben werden durfte. Offenbar war man bei BP so stolz, kultivierte Werbung zu bieten, dass man die vier Anzeigen nochmals eigens in einem Heftchen zusammenfasste und als kleinen Kunstkatalog veröffentlichte. Zu sehen sind Alltagsszenen, in denen die Wichtigkeit eines guten Motorenöls anschaulich gemacht werden soll: Eine Ärztin schafft den Hausbesuch beim alten Ehepaar allein deshalb rechtzeitig, weil sie „nur noch" Energol von BP verwendet, und ein Motorradfahrer erklärt einem Bergwanderer, für seine Maschine sei „kein Weg zu steil", da er das richtige Öl habe.

Auch mit anderen Werbekampagnen bemühte sich BP gerade in den 1950er Jahren um ein seriös-gehobenes Image und brachte etwa Bildmotive aus der klassischen Kunst in Verbindung mit den eigenen Produkten. Damit blieb man noch dem Werbestil der Vorkriegszeit verpflichtet, der oft Bildsprachen beliebter Künstler kopierte oder zumindest mit traditionellen Ikonographien operierte, um die jeweils beworbenen Produkte zu adeln. So sieht eine Olex-Anzeige der 1920er Jahre wie ein Spitzweg-Bild aus, während Aral sein B.V.-Öl Anfang der 1930er Jahre einmal sogar beinahe avantgardistisch, im Stil der italienischen Futuristen präsentierte. Als BP nach dem Zweiten Weltkrieg auf deutlich ältere, zudem bildungsschwere Kunst rekurrierte, war das allerdings nicht immer ganz frei von unbeabsichtigter Komik. So scheint es etwas zu weit hergeholt, die antike Jagd-Göttin Diana, ihre Darstellung innerhalb der Schule von Fontainebleau und das Röhren des Hirschen im herbstlichen Morgendunst mit Motorenöl zusammenzubringen, nur weil dieses angeblich so zusammengesetzt ist, dass es den Autofahrer zu keiner Jahres- und Tageszeit im Stich lässt und somit auch für den Jäger, der zu früher Stunde aufbricht, die ideale Wahl bedeute.

Hatte man hier mit dem Rückgriff auf Sujets aus der traditionellen Kunst also zu hoch gegriffen, fielen andere Kampagnen – allerdings erst in den 1970er Jahren – eher durch eine Anbiederung an einen etwas derben Geschmack auf. Weite Verbreitung fand 1973 z.B. ein Aufkleber, der unter dem Slogan „3 statt 2 zur Wahl" drei Damen mit äußerst großzügigem Dekolleté und verführerisch-aufreizendem Lächeln zeigt; sie repräsentieren, jeweils mit einer anders gefärbten Frisur, drei Benzinsorten, wobei sich dem potenziellen Paris vor allem die mittlere, gelbblonde zur Auswahl darbietet, die für ein spezielles BP-Produkt, den „Super-Mix", wirbt. Dabei handelt es sich um eine Mischung von Normal- und Superbenzin, die man schon seit 1959 tanken konnte und die in einer Anzeigen-Kampagne aus den 1960er Jahren als Kraftstoff „à la carte" angepriesen wurde, da der Kunde selbst das genaue Mischungsverhältnis bestimmte.

Da bei BP (zumindest in Deutschland) keine Kontinuität in der Werbeästhetik festzustellen ist und immer wieder zwischen „high" und „low", aber ebenso zwischen traditionellen und modernen Stilformen changiert wird, bietet auch der gesamte Markenauftritt kein sehr klares Bild. Es wäre schwer, in wenigen Adjektiven zu beschreiben, wofür BP stand oder worin genau man sich von anderen Kraftstoff-Labels unterschied. Nicht zuletzt ist der Stil, in dem die Werbetexte bei BP abgefasst wurden, ebenfalls zu uneinheitlich; es gibt darin keine Schlüsselbegriffe, die immer wieder auftauchen, sondern eher vermittelt sich der Eindruck, man sei den jeweiligen Trends der Branche zügig gefolgt, habe keine Entwicklung verpasst, aber auch nicht klar Position bezogen oder gar selbst große Werbetrends gesetzt.

Anders bei Aral, wo es leichter fällt, zentrale Werte einer ziemlich stabilen Unternehmensphilosophie anzugeben. So gibt es in den 1960er Jahren kaum eine Werbung, in der nicht der Fortschritt beschworen und die Leistungsfähigkeit des eigenen Kraftstoffs beschworen wird. „Wo Fortschritt ist, da ist Aral", hieß es ganz simpel, während man andererseits zu Neologismen aufgelegt war und in einer Anzeige aus dem Jahr 1962 hervorhob, Aral sei „genauso spurtstark wie bergfreudig". Dennoch geriet die Werbung der Nachkriegszeit nie zu einem kühlen Technikfetischismus; vielmehr bemühte man sich immer darum, besonders sympathisch zu erscheinen. So wurde der Fortschritt von Aral nicht als Selbstzweck zelebriert, sondern galt als Chance, dem Kunden noch mehr Zuverlässigkeit und Hilfsbereitschaft bieten zu können.

Einen wichtigen Beitrag zum (kunden)freundlichen Image von Aral lieferten die humorvollen Zeichentrick-Werbefilme der späten 1950er Jahre, deren Charme sich vor allem einer unbekümmerten Anthropomorphisierung von Autos, Zapfsäulen und Kolben verdankt, während umgekehrt die Menschen schon einmal zu Tieren mutieren. In ihrer Liebe zum Detail vermitteln diese Filme eine heile Kraftstoffwelt, in der alle drohenden Übel mit Aral aus dem Weg geräumt werden, das sich als großer Glücklichmacher erweist. Über letzte Zweifel wird munter – und etwas holprig – hinweggereimt, wenn es in dem Film Das Konzert (1958) etwa heißt: „So stell' ich mir die Schmierung vor, / Es kann nicht anders sein. / Aral-Öl füllt man in jeden Motor, / Dann wird er glücklich sein."

Die Autos mit ihren Glupschaugen glucksen vor Freude so erregt über Aral, dass man Sorge haben muss, manches Kind könnte infolge eines solchen Werbefilms ebenfalls vom Motorenöl gekostet haben. Ein Slogan wie „Das gibt dem Motor neuen Mut" (aus demselben Film) ließ Öl und Benzin erst recht als potenzielle Suchtmittel erscheinen. Rund zehn Jahre später führte Aral diese Vorstellung spielerisch-ironisch weiter, als man in einer Kampagne auf die Alkoholzusätze im Benzin mit Slogans wie „Alkohol tut gut" warb, was seine provozierende Wirkung nicht verfehlte. Die Idee dazu hatte die Düsseldorfer Agentur DDB (Doyle, Dane, Bernbach), der Aral, nachdem man bis dahin ohne externe Hilfe Werbung gemacht hatte, den Zuschlag erteilte, nicht zuletzt, weil man beeindruckt war, wie es dieselbe Agentur mit flott-witzigen Anzeigen und Filmen innerhalb weniger Jahre geschafft hatte, aus dem längst als antiquiert abgeschriebenen VW-Käfer ein freundliches Kult-Auto, einen wirklichen Volkswagen zu machen.[13] Ein ähnliches Image wie VW schien Aral auch für sich angemessen, ja man wollte gerne genauso heiter unprätentiös, vernünftig und doch nicht langweilig, sondern pfiffig selbstbewusst auftreten.

Dass man sich auf einmal einer Agentur bediente, hatte auch mit dem verschärften Wettbewerb zu tun, der seit dem Ende der 1960er Jahre die Branche erfasst hatte. Neue, zum Teil mit Kampfpreisen auftretende Marken wie Agip, vor allem aber so genannte freie Tankstellen hatten für heftigen Wirbel gesorgt, und wer da nicht mithalten konnte oder wollte, musste zumindest mit anderen Ideen versuchen, seine Kunden zu halten. (Die bereits angesprochenen Giveaways, aber auch Gewinnspiele, die zur selben Zeit in Mode kamen, verfolgten natürlich ebenfalls primär diesen Zweck!) Nachdem die Kraftstoffunternehmen jahrzehntelang ihre Tankstellennetze verdichtet, ja sich sehr aufwendig Konkurrenz gemacht hatten, indem sie überall dort präsent sein wollten, wo auch ein Mitbewerber eine Tankstelle einrichtete, war nun ein Umdenken gefragt. Infolge des verschärften Preisdrucks musste kräftig rationalisiert werden, was insofern unangenehm war, als die sonst gern beschworene Kundennähe nicht mehr garantiert werden konnte, wurden doch innerhalb weniger Jahre (markenübergreifend) fast 40 Prozent der Tankstellen aufgegeben.[14]

Entsprechend erstaunt nicht, dass Fortschrittsfixierung und technische Fragen zu dieser Zeit – zumindest in der Werbung – in den Hintergrund traten, die Qualität des Treibstoffs oder Öls also nicht mehr als USP betont wurde, sondern vielmehr (neben dem Preis) das Serviceangebot und zusätzliche Attraktionen, die man laut propagierte, Kunden locken sollten. Seinen hohen Dienstleistungsanspruch betonte gerade Aral immer wieder, indem beispielsweise (sogar schon während der gesamten 1960er Jahre und dann nochmals verstärkt um 1980) die Tankwarte und ihre Arbeit eigens hervorgehoben wurden: Als Experten für alle das Auto betreffenden Fragen können sie, so die häufig platzierte Botschaft, in jeder Notlage weiterhelfen. „Aral tut mehr" hieß dann 1973 ein Claim, während man wenige Jahre zuvor noch etwas schlicht „Lange lebe Ihr Motor" getextet hatte. „Alles rund ums Auto" setzte man dann 1974 unter die Anzeigen, und ein Jahr später rief man sich zu „Deutschlands Autopartner Nr. 1" aus.

Die Einrichtung zuerst nur kleiner, dann schon bald deutlich ambitionierterer Tankstellen-Shops fällt auch in diese Zeit, verbreitete sich aber genauso wie andere Geschäftsideen im Nu über die gesamte Branche, so dass oft nicht einmal mehr genau festgestellt werden kann, welche Marke jeweils initiativ war. Was die Selbstbedienung beim Tanken anbelangt, nimmt BP die Pilotfunktion für sich in Anspruch, und es gehört zur Kunst der Werbung am Anfang der 1970er Jahre, diese Neuerung sogar noch als Form von Service präsentiert zu haben. Auch das Angebot eines Münztanks, der zu jeder Tages- und Nachtzeit zur Verfügung steht, kam angeblich zuerst (nämlich 1966) von BP, wo man in einer Anzeige mit den Adjektiven „freundlich, fix und hilfsbereit" für sich warb. In den folgenden Jahren nahm man dann aber nicht so konsequent wie Aral eine Service-Kompetenz für sich in Anspruch; dafür blieb die Produktqualität und -optimierung hier ein wichtiger Punkt, und zur selben Zeit (1981), zu der Aral in einer Anzeigenkampagne einzelne Tankstellenpartner auf Kundenfragen Auskunft erteilen ließ, stellte BP Mitarbeiter vor, die in den Forschungsabteilungen an besseren oder auch umweltverträglicheren Kraftstoffvarianten arbeiten. „Wir sichern die Zukunft mit Energie" lautete, dazu passend, der BP-Claim, der nicht mehr das Tanken oder den Kunden in den Mittelpunkt stellte, sondern übergreifendes Verantwortungsbewusstsein ausdrücken sollte und bereits auf die damals beginnende Öko-Debatte reagierte.

Sie haben es in der Hand, ob Ihr Motor Qualität bekommt. Aral Super.

Aral in Btx ✳ 24444 #

Ihr Autopartner. ARAL

Verantwortungsbewusst in die Zukunft

Aral Super bleifrei. Für den Motor der Himmel auf Erden. Oder glauben Sie nicht, daß dies Ihrem Motor glänzend bekommt: mehr Sauberkeit, mehr Sicherheit, mehr Wirtschaftlichkeit und längere Lebensdauer. Außerdem ist es gut zu wissen, daß man mit Aral Super bleifrei nicht nur diese vielen Vorteile mittankt, sondern gleichzeitig auch noch etwas für die Umwelt tut. Aral. Alles super.

ARAL

„Was bringt das Jahr 2004?"

Das in den 1980er Jahren aufkommende Umweltbewusstsein bedeutete für kaum eine Branche eine so große Herausforderung wie für die Kraftstoffindustrie. Dass Tankstellen sich zunehmend von ihrem ehemaligen Kerngeschäft emanzipierten und mittlerweile mit den Shops viel mehr Umsatz machen als mit Benzin oder Öl, wäre zwar vielleicht auch ohne Diskussionen über Luftverschmutzung oder bleihaltiges Benzin passiert, doch half diese Entwicklung den Marken, eine Beschädigung ihres Images aufzuhalten und sich dafür als Allround-Dienstleister in Szene zu setzen, was im Aral-Claim „Alles super" kulminiert, der seit 1987 mehr als nur Kompetenz in Auto-Fragen verspricht.

Dass Aral sein Blau schon ab 1970 mit dem blauen Himmel assoziiert und seit derselben Zeit in zahlreichen Anzeigen Adjektive wie „sauber", „verantwortungsbewusst" oder „gewissenhaft" favorisiert hatte, erwies sich nun als großer Vorteil: Die Behauptung, umweltbewusst zu agieren, wirkte nicht überraschend oder aufgesetzt. Dennoch ist die Verunsicherung, mit der die Branche zu kämpfen hatte, der Werbung auch bei Aral durchaus anzumerken. So führte die Bemühung um ein Saubermann-Image Mitte der 1980er Jahre zu einer Serie äußerst clean, geradezu künstlich anmutender Anzeigen. In ultramarinblauen Himmel recken sich glänzende Schläuche und phallisch inszenierte Zapfpistolen, die durch ihre Beschriftung mit „Aral Super" noch potenter wirken, so als seien die flockig-weißen Wölkchen im Himmel mit ihnen abgefeuert worden. In einem Fall wird die erotische Konnotation der Anzeige noch dadurch verstärkt, dass eine Frauenhand mit lackierten Fingernägeln einen Zapfhahn umgreift. Die extreme Purifizierung, das Bild perfekter Sauberkeit wird so von einer geradezu obszönen Dimension überlagert, was zumindest merkwürdig, vor allem aber als Bruch mit der Image-Geschichte von Aral erscheint, in der es bis dahin immer darum gegangen war, gediegen-solide, konsensfähig, eben sympathisch – und eher liebenswert als cool – aufzutreten. Da war kein Platz für Frivoles, sondern höchstens für ein bisschen Flirt, wie in einer Anzeige aus dem Jahr 1964, die unter dem Titel „Man trifft sich bei Aral" auf einen eventuellen emotionalen Mehrwert des Tankens aufmerksam machen wollte, aber schon deshalb ganz unverfänglich blieb, als der Tankwart zwischen den beiden Flirtenden stand und so den Anstandsherrn mimte.

Wenn Aral seit den 1980er Jahren ein wenig von seinem Status unangreifbarer Seriosität und besonderer Freundlichkeit eingebüßt haben oder einfach nur etwas unschärfer im Profil geworden sein mochte, dann war das für die Branche insgesamt repräsentativ. Nicht nur erzwang die Öko-Debatte ein defensiveres Auftreten der Kraftstoff-

Firmen, sondern der Charme des Neuen, immer höchst Innovativen und beinahe sogar Aufregenden hatte ein gutes halbes Jahrhundert nach der Einrichtung der ersten Tankstellen an Kraft eingebüßt. Aus einer Branche, in der sich noch alles in Bewegung befand, war ein etabliertes Metier geworden, und so schwanden auch Pathos und Stolz, wie sie typisch für eine Anfangszeit sind, aus der Selbstinszenierung der Treibstoffmarken: Man macht weniger Werbung als früher, die zudem oft etwas müder als ehedem wirkt; überraschende Aktionen oder neue Dimensionen des Tankstellengeschäfts sind schon seit längerem nicht mehr zu vermelden, und da auch die Farbpolitik an Stellenwert eingebüßt hat, bietet die Branche mittlerweile eher das Bild eines Grau-in-Grau, wo Image-Unterschiede in geringerem Ausmaß als früher vorhanden sind und zumal bei der jüngeren Generation kaum noch zu Buche schlagen.

Positiver gewendet: Fusionen sind in dieser Branche leichter geworden, da man nicht vor der gewaltigen (und oft nur mit Gewalt lösbaren) Aufgabe steht, Unternehmen mit markant-eigenständigen Markenauftritten zu harmonisieren. Es ist nicht einmal nötig, Gemeinsamkeiten der Markengeschichte auszugraben und zu beschwören, um der Öffentlichkeit nahe zu bringen, dass Aral und BP nicht länger Gegenspieler sind. Allerdings: Ein paar solcher Gemeinsamkeiten reizten durchaus zur weiteren Reflexion, böten aber zumindest Stoff für anekdotische Bemerkungen. Wie etwa soll man es deuten, dass der BP-Claim „Es lohnt sich, bei BP zu tanken", der 1966 eingeführt wurde, wenige Jahre später von Aral fast wörtlich übernommen wurde, indem man nämlich formulierte „Aral – da lohnt sich das Tanken. Immer"? Und was für ein Licht auf die deutsche Markenkultur wirft es, wenn man darauf stößt, dass sich Franz Beckenbauer in den 1970er Jahren sowohl für Aral als auch für BP als Testimonial engagierte?

Eine ganz andere Frage stellte BP im Jahr 1954, als man das 50-jährige Jubiläum – genauer: den 50. Jahrestag der Olex-Gründung – feierte: „Was bringt das Jahr 2004?" hieß es in einer Anzeige im SPIEGEL [Abbildung Seite 52], und darunter stand ein längerer, etwas umständlich und staatstragend abgefasster Text, in dem viel von Qualität, Sicherheit und Leistungswillen die Rede war. Zu konkreten Zukunftsszenarien ließ sich BP jedoch nicht hinreißen, und so blieb der damalige Leser wohl etwas unbefriedigt und war ganz auf seine eigene Phantasie angewiesen, um sich die Zukunft der Welt im Allgemeinen und die des Tankens im Besonderen vorzustellen. Dass diese Anzeige im Jahr 2004 in einem Buch über die Markenfusion von Aral und BP wieder abgedruckt würde – daran dürfte jedenfalls kaum jemand gedacht haben...

Man trifft sich bei ARAL

Die freundlichen blau-weißen ARAL-Tankstellen sind der Treffpunkt anspruchsvoller Autofahrer. Und das ist nie ein zufälliges Zusammentreffen: denn bei ARAL weiß man, was man Ihnen und Ihrem Fahrzeug schuldig ist!

Hilfsbereite Tankwarte versorgen Ihren Wagen. Sie gehen auf Ihre besonderen Wünsche ein. ARAL und ARAL SUPER jedoch tun noch mehr: diese Kraftstoffe verhelfen Ihnen zu einem Treffen mit dem Fortschritt der Technik!

Den Fortschritt nutzen mit ARAL

Immer eine gute Wahl

P.S. Als ich kürzlich bei Freunden zum Essen eingeladen war, spielte der Sohn, gerade zwei Jahre alt, mit Autos und einer Parkgarage, die schon sein Vater als Kind benutzt hatte. Es war ein Modell aus den späten 1960er Jahren, in blau, mit großem Aral-Logo auf der Frontseite – und jenem neckischen BP-Aufkleber von 1973 auf dem Dach, der „3 statt 2 zur Wahl" stellt und mittlerweile schon etwas verblasst und angekratzt war. Dass hier – und damit einmal mehr bei Spielzeug – ein Stück Markenwirklichkeit vorweggenommen worden war, hätte aber niemand eigens bemerkt, vermutlich weil es auch nicht als unpassend erschien, diese beiden Marken auf derselben Parkgarage vereint zu sehen. „Die gehören jetzt doch ohnehin zusammen", sagte der junge Vater grinsend, als ich ihn darauf ansprach, während er seinem Sohn vorführte, wie man ein Auto die Garagenabfahrt herunterrollen lassen kann.

Der jüngste Lohrling, erwartungsvoll und hoffnungsfroh, der Senior der Mitarbeiter, erfahren und geehrt – Anfang und Ende eines Berufsweges im Zeichen der BP.

Was bringt das Jahr 2004?

Diese Frage, und vor allem diese Jahreszahl, wird Ihnen sonderbar erscheinen. Wir von der BP verstehen ihre Bedeutung, denn wir feiern in diesem Jahr das 50jährige Bestehen unseres Unternehmens. Und bei einem solchen Anlaß pflegt man sich zu fragen, was die Zukunft bringt. Wir neigen nicht dazu, die Bedeutung eines Jubiläums zu überschätzen. Aber selbst bei nüchtern-sachlicher Betrachtung fühlen wir uns zu der Feststellung berechtigt, daß unsere Marke für die Kraftfahrer in Deutschland ein Qualitätsbegriff geworden ist, der ihnen das Bewußtsein der Sicherheit gibt. Damit ist uns BP-Leuten der Weg gewiesen für unsere künftige Arbeit. Vielleicht wird die nächste Generation noch ganz andere technische Probleme zu meistern haben. Was uns betrifft: wir werden uns wie bisher bemühen, unser Bestes zu geben – im Vertrauen auf den Leistungswillen und das Verantwortungsbewußtsein unserer Gemeinschaft und in der Hoffnung, auch weiterhin in Frieden und Freiheit wirken und schaffen zu können als Teil und zum Wohl des Ganzen.

1904 BP 1954

BP BENZIN- UND PETROLEUM-GESELLSCHAFT MIT BESCHRÄNKTER HAFTUNG

DER SPIEGEL, Mittwoch, 8. September 1954   9

1   Für die Bereitstellung und Auswahl von Dokumenten zur ARAL-Geschichte danke ich Helmut Hackenberg und Claudia Mennicken. – Gerhard Klaus gilt mein herzlicher Dank für zahlreiche Auskünfte und Materialien zur Geschichte der BP in Deutschland.

2   Bernd Polster: Tankstellen. Die Benzingeschichte, Berlin 1982, S. 97.

3   Vgl. ebd., S. 165.

4   Vgl. Wired 6/2003, S. 157. – Für den Hinweis auf diese Graphik danke ich Franz Liebl.

5   Vgl. Vitaly Komar/Alexander Melamid: The most wanted and most unwanted painting, Stuttgart 1997.

6   Für Nachforschungen zum Thema dieses Abschnitts danke ich Birgit Jooss vom Recherchebüro eurinos.

7   Für diesen Hinweis danke ich Klaus Harms.

8   Vgl. Joachim Keller/Werner Lippert (Hrsg.): Werbefiguren. Geschöpfe der Warenwelt, Berlin 1991.

9   Zum Phänomen, dass Markennamen in der heutigen Kultur oft eine ähnliche Rolle einnehmen wie ehedem Ortsnamen und sowohl eine Form von Heimat konstituieren als auch mit der Verheißung des Fremden spielen, vgl. Wolfgang Ullrich: „Topographie der Marken – eine Ortsbesichtigung", in: Eva Weinmayr/Wolfgang Ullrich: It was awful. Eine Markenanalyse, Frankfurt/Main 2002, S. 18–33.

10 Vgl. Joachim Kleinmann: Super, voll! Kleine Kulturgeschichte der Tankstelle, Marburg 2002, S. 35ff.

11 Für diesen Hinweis danke ich Walter Grasskamp.

12 Vgl. http://www.logorip.com/condolences.asp?id=54. – Für diesen Hinweis danke ich Franz Liebl.

13 Vgl. Winfried Meier-Faust: „Geschichten aus der Werbewelt", in: Erlebte Geschichte – Hundert Jahre Aral, Bochum 1998, S. 153.

14 Vgl. Polster, a. a. O. (s. Anm. 2), S. 168.

Die Variation des Immer-gleichen – Über die erfolg-reiche Entwicklung eines Markenzeichens

Rolf Gilgen, Heiner Nitsch und Bernd Vangerow

Wally Olins, international führender Markenexperte, mit langjähriger Erfahrung in den Bereichen Marke und Kommunikation, Mitbegründer und bis 1997 CEO von Wolff Olins, heute CEO von Safferon Brand Consultants. Olins gehört zu den weltweit führenden Experten im Bereich Global Brands und Corporate Identity. Sein Kundenkreis umfasst u. a. 3i, BT, Prudential, Renault und VW. Sein Hauptinteresse gilt der „großen Idee" hinter einer Organisation sowie dem Themenbereich „Mergers und Acquisitions". Mit mehreren Erfolgspublikationen zum Thema Marke hat Wally Olins auch als Autor von sich reden gemacht. Heute ist er Visiting Fellow an der Said Business School in Oxford sowie als Visiting Professor an der Lancaster University und an der Copenhagen Business School und hält weltweit Seminare und Workshops zu Marken- und Kommunikationsthemen.

Vilim Vasata, gehört zu den bekanntesten Werberpersönlichkeiten Deutschlands. 1956 gründete er Team, Keimzelle eines neuen kreativen Agenturtyps der 60er Jahre. Beim Agenturriesen BBDO nahm er als Partner bis Mitte 1999 eine internationale und nationale Führungsposition ein. Bis heute genießt Prof. Vasata in der Werbung einen unbestrittenen „Guru"-Status.
Als GWA-Präsident und Professor für Kommunikationsdesign an der Universität Essen bestimmte er die Entwicklung der deutschen Werbelandschaft entscheidend mit. Heute arbeitet er als selbstständiger Berater in den Bereichen Markenberatung und Designentwicklung in Düsseldorf.

Lassen Sie uns zu Beginn kurz den Prozess der Designentwicklung für Aral rekonstruieren. Wie begann Ihre Zusammenarbeit?

HN: Der Aufbau begann mit Wally Olins aus London. Die Aral hatte damals ein bergbauartiges Ruhrpottimage. Aber Olins konnte sich bei der Realisation seiner Ideen in Bochum nicht völlig durchsetzen. Es gab also eher ein Corporate-Fragment. Wesentlich war jedoch, dass er das Logo geschaffen hat, so wie es heute immer noch besteht. Die Grundidee blieb erhalten und auch die geniale Entscheidung, es auf Blau zu setzen. Der Himmel war sein Thema: ein Symbol für Weite, Klarheit und Sauberkeit. Das Blau wurde später als emotionales Leitthema noch sehr stark forciert.

Wie ging es dann weiter? Wie entwickelte sich der Dialog zwischen Aral und BBDO?

HN: Die damalige Führung der BBDO war damals von einem stark an der Marke orientierten Gestalter geprägt: Professor Vilim Vasata. Ich war damals noch als Art Director für Aral tätig und bin langsam in die Thematik Markengestaltung hineingewachsen. Als Werbeagentur haben wir uns sukzessiv mit der Marke beschäftigt. Langsam entwickelte sich dann eine Design-Unit, die anfing, an Marken ernsthaft zu arbeiten – unter anderem eben auch an der Marke Aral.

RG: Wobei das schrittweise vonstatten ging. Man machte Einzelprojekte, merkte, wenn die Dinge immer weiter auseinander glitten, und besserte nach – damals ein normaler Prozess. Ein Markenverantwortlicher wie Herr Vangerow existierte zu diesem Zeitpunkt gar nicht. „Marke" war damals irgendetwas zwischen

Astrologie und Glaskugel. Man entwickelte die Marke anhand der einzelnen Kommunikationsmittel weiter.

Sie haben das Thema Marke also gemeinsam mit Aral gelernt?

RG: Vor 15–20 Jahren gab es kaum jemanden, der sich wirklich auf das Markenthema spezialisiert hatte. Marke gewann an Fahrt, als sie zur betriebswirtschaftlichen Größe wurde. Sie ist jetzt ein messbarer Wert. In den letzten Jahren hat sich diese Entwicklung im Zeichen von Mergers und Acquisitions beschleunigt.

Warum hat das Branding bei Aral so gut funktioniert? Weil Sie so früh das Markenthema entwickelt haben, weil die Marke an sich so stark ist oder weil es ein gutes Markenmanagement gab? Was waren Ausschlag gebende Faktoren?

RG: Markenführung ist genauso vielschichtig wie Marken an sich. Teils ist es geplant, teils ist es Glück, wenn eine Marke gut geführt wird. Der maßgebliche Aspekt ist, dass die beteiligten Ansprechpartner möglichst lange in ihrem Job bleiben. Es gibt keine gute, starke Marke, die nicht auch mit dem Faktor Zeit gewachsen ist. Es gibt keine Marke aus dem Stand, never ever, selbst Google ist das nicht. Schauen Sie in die Historie: Große Marken haben ihre Geschichte.

Von 1977 bis zum Jahr 2003 gab es nur zwei Beratungschefs. Nicht mehr. Dadurch konnten wir langfristig im gleichen Geist weiterarbeiten und mussten nicht dauernd etwas Neues erfinden. Heiner Nitsch kenne ich auch schon seit etwa 1988. Letztendlich hat er dank Herrn Vangerow das Geschäft an dieser Stelle auch weitergeführt. Im Prinzip lag alles in ganz wenigen Händen. Kam jemand von außen dazu, versuchte er zumindest in die gleiche Richtung zu steuern. Das ist mittlerweile eine extreme Seltenheit geworden.

BV: Wir wollten Konsistenz und keine Inkonsistenz. Als ich vor sieben Jahren eingestiegen bin, gab es eine verbindende Idee, die da heißt: Tradition ist ein Geschenk der Vergangenheit an unsere Tage. Ich habe also nicht versucht, die Arbeit komplett zu ändern, sondern den vorhandenen Drive zu nutzen, um zu neuen Ufern zu gelangen.

Wie muss man sich das vorstellen? Sie treten den Job neu an und setzen sich zum ersten Mal an einen Tisch. Räsoniert man über die Marke, über welche Themen wird gesprochen?

RG: Das Raffinierte an diesem Entwicklungsprozess war, dass er sehr unklassisch verlief: Normalerweise schließt man sich ins Kämmerlein, entwickelt bis zum Ende und sagt: „Heute ist der Tag aller Tage, an dem alles in neuem Glanz erstrahlt." Herr Vangerow hat diesen Prozess perfekt gesteuert. Jede Veränderung ruft Reaktanzen hervor. Die Kunst bestand also darin, zwar schrittweise etwas zu ändern, aber gleichzeitig darauf zu achten, dass der Rest hinterherkam, die Marke also nicht irgendwann auseinander fliegt. Das war ein Prozess, den ich in dieser Form noch nie erlebt habe. Auch das ist auch ein Stück Markenmanagement: alle mit einbeziehen, damit sie sich als Teil dieses Prozess fühlen können.

BV: Wir haben immer gesagt: Es muss ein internes Marketing geben und haben es auch betrieben. Das war einfach wichtig: den Zug nicht zu stoppen, aber draufzuspringen und zu wissen, welche Weichen man stellen kann. Als ich im Jahr 1997 zu Aral kam, gab es zwar Richtlinien, die aber nicht angewendet wurden. Die Kunst bestand vor allem darin, die Leute nicht zu überreden, sondern sie davon zu überzeugen, diese Richtlinien auch anzuwenden. Ich glaube nicht, dass Menschen sich gerne mit Richtlinien beschäftigen, daher benötigt man ein Controlling, ein kontinuierliches System, das die Entwicklung begleitet. Gedruckte Richtlinien nützen gar nichts, wenn nicht jemand im Unternehmen ist, der diese Steuerungsfunktion kontinuierlich besetzt und lebt. Das ist das, was Spaß gemacht hat. Wir haben innerhalb eines Jahres ein komplett neues Corporate Design für eine Company entwickelt. Diese Struktur, die Zusammenarbeit mit Herrn Gilgen und Herrn Nitsch und die Idee, emotio und ratio zu verbinden, war hierfür die Basis. Alleine hätte ich da nichts bewegt.

HN: Ein Milestone war zweifellos die Veränderung der Farbe Blau. Das Blau, das Olins damals als flockiges, helles Blau konzipiert hatte, war im Printbereich das ordinärste und einfachste Blau überhaupt – Cyan –, das kaum flächig eingesetzt werden konnte und immer billig aussah. Auch die Divergenz der Farben ließ sich nicht mehr steuern: Lackfarben an der Tankstelle sahen anders aus als die Prints. So entstand langsam ein ganzer Farbfächer, bis man sich für den dunkleren, tieferen Qualitätston entschied. Das war ein Durchbruch in vielerlei Hinsicht.

Sie haben sich ja auch mit der Schrift befasst...

HN: Wally Olins hatte damals einen Schrifttyp implantiert, der mit der VAG – dem Zusammenschluss von Porsche, VW und Audi – vergleichbar war. Die so genannte „VAG-Wurstschrift" war

Alles super.

VAG Rounded

Alles super.

Aral Schrift V2

Aral-Blau alt | Aral-Blau neu

der Aral-Schrift sehr ähnlich. Da die erste Aral -Schrift sowieso Macken hatte, wurde sie von Professor Lange großartig überarbeitet. Damit war für die moderne Kommunikation genau die richtige Plattform gefunden: Die Schrift wurde fit gemacht, am Logo haben wir ein bisschen probiert – da ist zum Glück nicht sehr viel passiert – und die Farbendefinition wurde überarbeitet. Im Print haben wir uns von den bunten Sekundärfarben verabschiedet und sind bei einem abgestuften Hellblau geblieben. Das funktioniert ästhetisch hervorragend. Die Marke wird jetzt in der Kommunikation über Fotos und die Art der Ansprache emotionalisiert. In der einfachen, fast ängstlichen Fotografie von einst fehlte der Marke etwas. Und auch die Farbstandardisierung stand für Aral an. Zu einem wichtigen CD-Thema konnten wir uns damals nicht durchsetzen: Das war die Gestaltung des Aral-C-Stores. Da ist eine Entwicklung eingetreten, die nicht mehr zu bremsen war und die ich heute noch unnötig finde.

Und woran klemmte es damals genau?

HN: Es klemmte bei den Verantwortlichen von Aral. Man glaubte damals, dass neue Produkte nur über neue Markensymbole oder – noch schlimmer – über neue Marken eingeführt werden könnten. Man sucht sich immer den empfindlichsten und sensibelsten Teil heraus, nämlich die Marke, und baut darum neue Symbole, die so stark markenhaft sind, dass sie fast schon Zweitmarken darstellen.

Gibt es aus Ihrer Sicht besondere Stärken der Marke Aral, die sie von anderen Marken unterscheidet?

RG: Was Aral sehr zugute kam, ist die hochtechnologische Entwicklung im Automobilbereich. Gleichzeitig natürlich auch die fast abgöttische Liebe der Leute zu ihrem Auto. Das sind zwei Felder, aus denen Aral hervorragend Kraft für die Marke tanken kann. Der Erfolg von Aral begann durch das Thema Qualität. Wenn ich ein Auto habe, für das ich 50 000 Euro ausgebe, dann muss der Lebenssaft, den ich einfülle, von allerbester Güte sein. Dann bin ich auch bereit, zwei Cent mehr zu bezahlen. Darin liegt ein immenser Wert. Sicherlich gehört auch ein wenig Glück dazu, z.B. das Arbeiten mit der Farbe Blau und nicht Orange. Darum können Sie die Marke auch nicht mehr nachbauen.

HN: Schauen Sie sich die Grundbestandteile des Logos an: Die Farbe Blau, zufällig entstanden, oder das Industriezeichen, ein auf die Spitze gestelltes Quadrat... Es steckt ja keine extravagante Kreativität darin, es ist total einfach in der Form. Die Marken der Erstzeit haben heute eine enorme Kraft und Einzigartigkeit, weil

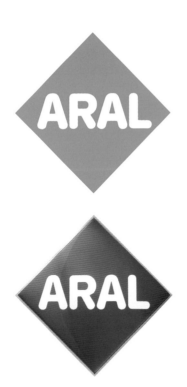

sie keiner mehr nachmachen kann. Mit diesem lapidaren Design hat die Marke Kraft gefunden und ist eindeutig geblieben. Das Wort „eindeutig" ist für Aral entscheidend. Der heutige Mensch kommt damit besser klar als mit einer Vielfalt von Formen und Farben.

Heißt das für Sie, das Geschäft ist schwieriger geworden, weil die lapidaren, einfachen Formen besetzt sind?

HN: Ich zucke zusammen, wenn mir jemand sagt: Mach mir mal ein Logo. Denn in dieser vereinfachten, schnell Sinn deutenden Form sind die Dinge heute ausgeschöpft. Marken der ersten Stunde sind großartig, wenn man sie weiter pflegt. Don't play with a logo.

RG: In Zeiten, in denen ständige Weiterentwicklung und Neuerfindung einen Wert an sich darstellen, ist es schwer, zu sagen: „Wir wollen bewahren, lasst es, wie es ist." Man steht als Ewiggestriger da, als nicht modern oder nicht innovationsbereit. Bei Marken ist „voran" der Tod.

Es ist natürlich immer schwierig, Rezepte anzugeben. Aber gibt es nicht doch etwas wie Regeln für gelungenes Markendesign?

HN: Ich muss es beherrschen, Dinge abzuwerfen, die vielleicht noch einen dekorativen Teil der Altzeit darstellen. Um ein Logo zu modernisieren, muss ich auch dessen Umfeld berücksichtigen und richtig inszenieren. Diese Feinheiten sind ein ganz starker Weg, um eine Marke frisch zu halten. Man muss keinen völlig neuen Schriftcharakter in das Logo hineinbringen oder die Form verbiegen. Wir haben damals mit dem Logo und seinem Hauptthema, der Flächigkeit, herumexperimentiert. Zum Zeitgeist gehörte damals die Dreidimensionalität. Sie hat uns auf einen Weg geführt, den wir nicht zu Ende gebracht haben, der aber auch wahrscheinlich zu schwierig ist. Wir wollten das Logo in die Prismenform bringen. Im Sprachgebrauch kursierte der Begriff Diamant ja schon lange. Was lag also näher, als sich diesem Wort zu nähern? Aus dem geometrischen Zwang heraus sind wir dann aber eher beim Kissen gelandet, das jetzt auch angewendet wird.

Es geisterte ja mal der Begriff des „smart shoppers" durch die Diskussion. Dabei ging es zwar – monetär gesehen – um rationales Einkaufsverhalten, aber geht der Kunde heute nicht auch rational an eine Marke heran?

RG: Ich glaube, dass man für die Kunden eine Nachrationalisierung schaffen muss. Die Leute sehnen sich nach einfachen Strukturen. Je komplexer, je voller das Leben ist, umso mehr muss ich vereinfachen. Marken sind dazu ein hervorragendes Mittel, da sie die Entscheidung erleichtern. Ich muss nicht erst mal fünf Minuten überlegen und erst mal zehn Minuten in den „Stiftung Warentest"-Ausgaben herumblättern, ob ich jetzt die oder die Marke nehmen soll, sondern ich habe ein gutes Gefühl dabei, nehme die Marke und damit ist der Prozess auch schon abgeschlossen.

BV: Dieses gute Gefühl müssen wir schaffen. Erst einmal wollen wir Orientierung schaffen. Ist dies gelungen, muss ich die Kunden intuitiv behandeln. Und hat er zugegriffen, muss ich ihm die Rechtfertigung geben, dass dieses das richtige Produkt ist.

RG: Die Dualität zwischen der intuitiven Entscheidung und der rationalen Absicherung stabilisiert Marken auch heute noch. Ich kann nicht nur das Eine oder nur das Andere bieten. Darin liegt der Vorteil von Aral. Ich habe eine intuitive Entscheidung, die ich über gewachsene Strukturen, Beständigkeit und Verlässlichkeit absichern kann. Und zum Schluss sagen die Kunden: „Außerdem ist das ja noch gute Qualität."

Psychologie, Soziokulturelles, Intuition... Gibt es noch weitere Aspekte, von denen Sie sagen würden: Liebe Designer, Werber und Markenexperten, bitte beachtet das und das, wenn ihr euch um Marke kümmert? Kurz: Wie macht man gutes Markenmanagement?

BV: Erstens: Machen Sie aus einer Richtlinie einen Korridor. Damit können Business Units in einem Unternehmen sehr viel besser leben als mit einer schmalen Richtlinie. Zweitens: Wenn ich heute eine Stellenausschreibung für einen Brand Manager formuliere, dann schreibe ich als erforderliche Qualifikation „soziokulturelles Verständnis" hinein. Ich schreibe hinein, dass er einerseits für das Management Verständnis haben und andererseits die teilweise philosophischen Kreativen verstehen muss. Dazwischen muss ich vermitteln. Drittens: Machen Sie Marketing zum Werkzeug von Markenmanagement und nicht umgekehrt. Markenmanagement muss oben beim Chef angesiedelt sein, egal, ob der nun CEO oder Vorstand heißt. Und betreiben Sie es nicht nur über zwei Jahre, sondern über einen längeren Zeitraum. Das tut weh, das weiß ich aus eigener Erfahrung, aber es ist wichtig.

Die Markengeschichte

Eine Marke muss sich treu bleiben, sich aber auch langfristig verändern. Wie „zeitgeistig" muss eine Marke Ihrer Meinung nach sein?

HN: Im Meer gibt es eine Grundströmung, auf die muss ich reagieren. Reagiere ich jedoch auf den Wellengang, habe ich verloren. Ich gehe unter und werde einfach untergepflügt. Die Kunst ist folglich, die Grundströmung zu erkennen.

BV: Sie müssen Modernität visualisieren, ohne den Kodex der Marke zu verändern.

RG: Das Problem ist, dass Sie im Prinzip gegen die Erwartungshaltung der restlichen ökonomischen Landschaft arbeiten. Marke ist eigentlich ein Anachronismus. Alles schreit nach Erneuerung, nach Vorwärtsbewegung, nach Neuerfindung... Eine Marke funktioniert genau nach den gegenteiligen Gesetzen. Was uns übrigens lehren sollte, dass auch dieser Innovations-„Overthrill" nur eine Modeerscheinung ist.

BV: Als Markenmanager ist man immer unbequem in einem Unternehmen. Günter Michels hat mir mal gesagt: Sie werden dafür bezahlt, dass Sie unbequem sind. Wenn jeder sagt: „Design brauchen wir nicht, das läuft auch so ganz prima", dann ist die Grundidee nicht erkannt. Dann fängt einer an, an der Fassade herumzuwackeln, wie jetzt gerade wieder geschehen. Wenn einer fragt: „Braucht ihr denn die Welle an der Fassade?", dann sage ich: „Nö. Braucht ihr in Hamburg denn rote Fassaden? Die könnt ihr doch auch weiß streichen, aber damit ändert ihr die Identität eures Hafenviertels." Wir wollen die Identität nicht ändern. Wir wollen Anachronisten sein.

Was assoziieren Sie mit diesem Satz: „Branding in Mind – Logo als Substrat einer Beziehung?" Hierzu hätte ich gerne drei Interpretationen von Ihnen.

HN: Ich charakterisiere mal die einfache Form des Logos. Das Geheimnis dieser einfachen Form besteht in der Gegensätzlichkeit von Statik und Labilität. Ein Quadrat, das ich auf die Spitze stelle, ist instabil. Aber es bewahrt immer noch den Charakter eines Quadrats, das ja das Urbild des Beständigen ist. Besetzt man diese Formidee so früh, wie Aral es vor 100 Jahren tat, hat man bereits die Keimzelle dessen, was bis heute die Markenwelt prägt. Man hätte mit dem Logo nichts total Schrilles machen können.

Günter Michels, von 1998–2002 prägte Günter Michels als Vorstandsvorsitzender der Aral Aktiengesellschaft in Bochum die Unternehmensentwicklung entscheidend mit. In seiner Funktion setzte er sich u.a. erfolgreich für die Etablierung des strategischen Markenmanagements ein.

Sehen Sie eine Arbeitsteilung zwischen Form, Farbe und der Schrift? Hat jedes Element seine spezifische Aufgabe?

HN: Olins hat die Form des Logos ja bereits übernommen – und er hat bei der Überarbeitung alles richtig gemacht. Vorher stand dort Aral in einer ganz knüddeligen Schrift. Olins hat in diese dünn linierte, scharf geschnittene Form eine weiche Schrift gesetzt, auch, um dort nochmals den Kontrast auszuspielen und um in dieses eckige, spröde Thema etwas Weiches, Sinnliches hineinzubringen. Weiterhin sagte er sich: Aral kleinzuschreiben, das passt nicht zum Markenbild. Ich muss ganz autoritär Versalien nehmen. Das dies schwierig zu gestalten ist, weiß jeder Grafiker. Es war eine ganz wichtige Entscheidung, den Namen versal zu schreiben. Heute macht sich keiner mehr Gedanken darüber. Schauen Sie sich mal die Internetadresse an: aral.de kleingeschrieben, das wirkt total pimpfig.

RG: Nein, halt, es ist verboten, Aral versal in der Copy zu schreiben. Die Großschreibung taucht nur im Logo auf. Das war der Unterschied.

Logo als Substrat einer Beziehung, was könnte das aus Ihrer Sicht heißen, Herr Gilgen?

RG: Ich würde natürlich eher aus der Marke argumentieren. Man sagt nicht umsonst „Markenpersönlichkeit", darüber gibt es ja auch weite Abhandlungen. Die Beziehung zwischen einer Marke und einer Person ist durchaus zu beschreiben wie die Beziehung zwischen zwei Menschen. Nicht umsonst sind die Begrifflichkeiten ja auch sehr ähnlich. Wenn man Marken beschreibt, beschreibt man eigentlich Personen mit ihren Verhaltensweisen, mit ihren Einstellungen... Dahin hat sich das in den letzten Jahren auch erst richtig weiterentwickelt. Insofern ist die Marke, wenn man so will, ein Gesicht oder ein Körper, aber dahinter stecken Verhaltensweisen, Einstellungen, Werte, Erfahrungen, wie bei Personen auch. Die Parallele ist ja nicht zufällig entstanden.

HN: Man kann sich heute nicht vorstellen, dass Aral zum Beispiel mit einer Shell-Farbigkeit groß geworden wäre oder mit einer anderen Formwelt. Das Eine hat das Andere bedingt. Das ist immer ein Wechselspiel. Die Entwicklung wurde durch bestimmte Formen in eine bestimmte Richtung vorangetrieben.

RG: Ich habe zum Beispiel den rechten Winkel: Er steht für eine gewisse Präzision, für eine Ordnung, für Perfektionismus. Das Quadrat... Man hat ja Untersuchungen angestellt, worin sich Rechteck und Quadrat, Ellipse und Kreis unterscheiden, und dabei festgestellt, dass die größte Stärke aus dem Quadrat kommt. Das Geschickte an diesem Logo ist, dass man nicht nur den einen Aspekt bedient, der aus der Form kommt. Vielmehr wurde bewusst versucht, auch das Gegensätzliche zu integrieren und die Spannung zu erhalten. Wie funktioniert das? Indem ich das Ding auf die Spitze kippe. Indem ich die Schrift abrunde, also genau den Kontrapunkt zur grafisch exakten, rechteckigen Form bilde. Indem ich das alles dann vor Blau stelle und damit eine Grundabsicht angebe, ohne langweilig zu werden. Und indem ich mit einem weiteren Element – Weiß – Spannung schaffe. Deswegen sieht das Logo auch heute noch genauso modern aus wie vor 20 Jahren.

Logo als Substrat einer Beziehung. Was bedeutet das für Sie, Herr Vangerow?

BV: Es bedeutet: Don't play with the logo. Eine Marke hat nicht nur mit Form und Farbe zu tun, sondern auch mit Identität. Durch die Art der Visualisierung gestalte ich die Erwartungshaltung mit, die ein Verbraucher hat – und diesen Kodex muss ich erhalten. Wenn ich mit diesem Kodex spiele, werde ich auch das Markenversprechen nicht mehr einhalten können. Coca-Cola, Aral und wie sie alle heißen – hinter dieser Visualisierung steckt ein Markenversprechen für den Verbraucher, das ich einhalten muss. Anderenfalls habe ich das Vertrauen gebrochen und die Beziehung geht verloren, d.h., ich brauche nicht mehr über Customer Relationship Management und Corporate Behaviour reden. Das Spielen mit dem Logo hat etwas Gefährliches: Ich hebe damit den hierarchischen Punkt der Marke auf, der eigentlich on top ist – nicht irgendwo unten in den Produktmarken versteckt –, und mache damit die Hierarchie kaputt. Ich zerstöre mein Königreich und mache es unregierbar. Ohne Regierung keine Filter: Qualität lässt sich dann nicht mehr zentral steuern. Mit Königreich bezeichne ich dabei nicht nur den Diamanten, sondern die Insignien dieser Marke – Schrift, Form und Farbe – das sind die Kronjuwelen dieser Marke.

Meine Herren, herzlichen Dank für das Gespräch.

DIE MARKEN-ENTSCHEIDUNGEN

Was zählt, ist die Markt-führerschaft. Hintergründe zur Marken-entscheidung

Uwe Franke im Gespräch mit Franz Liebl und Claudia Mennicken

„Nun, die BP hat schon immer das strategische Konzept verfolgt, in allen Märkten, in denen sie vertreten ist, nicht nur einen ‚Foot Hold', einen Fuß in der Tür zu haben, sondern eine starke Position, eine echte ‚Material Position' zu haben", skizziert Dr. Uwe Franke die Ausgangslage. Deshalb konnte man mit der Position der Deutschen BP nicht zufrieden sein, die mit ihrem Tankstellennetz in Deutschland einen Marktanteil von unter 10 Prozent hatte. Erste Ansätze hatte es schon früher gegeben: Etwa im Jahre 1996, als BP mit Mobil in Europa einen Joint Venture einging und damit auch das Merger-Spiel im europäischen Tankstellenmarkt eingeleitet hatte. Aus diesen Erfahrungen hatte man gelernt: Es ist besser, eigene starke Positionen zu haben.

Die Ausgangslage: Mitte der 1990er Jahre wurde damit begonnen, das Tankstellengeschäft von BP zu optimieren. In diesem Zug reduzierte sich auch das Netz von etwa 1350 auf 930 Stationen. Tankstellen, die langfristig unrentabel wirtschafteten, wurden geschlossen bzw. ausgegliedert. Aus dieser Situation heraus, mit etwa 7 Prozent Marktanteil, war aber auch klar, dass aus einem organischen Wachstum heraus keine marktführende Position erreicht werden konnte: „Wir verfolgten eine Cash-Cow-Strategie." Im Grunde genommen gab es nur zwei strategische Optionen: Entweder gibt BP seine Marktposition in Deutschland auf und verkauft die Deutsche BP oder sucht selbst aktiv nach Kandidaten zur Übernahme. „Da fingen wir dann an, über Zusammenschlüsse nachzudenken", erinnert sich Dr. Franke. „Denn jeder weiß, dass Größe sich auszahlen kann, spätestens über die Fix Cost-Dissolution. Und das ist in Märkten wie dem Tankstellenmarkt, der sich zwar durch gute Margen, aber auch durch einen hohen Fixkostenblock kennzeichnet, enorm wichtig. Sie brauchen einfach die Masse, um die Fixkosten decken zu können, um das Geschäft überhaupt betreiben zu können. Wenn Sie dann über den Break-Even-Point hinauswachsen können, dann profitieren Sie von den hohen Margen. Insofern ist eine ‚Strong Material Position' nicht nur strategisch, sondern auch finanziell bedeutsam."

Es ist besser, eigene starke Positionen zu haben.

Damit öffnet sich etwas, was man gerne als „Strategic Window of Opportunity" bezeichnet: eine Möglichkeit, die so nicht wiederkommt. Denn es ereigneten sich eine Reihe von Dingen, ziemlich schnell und zeitnah. Einerseits begann sich E.ON, hervorgegangen aus der Fusion von Veba und Viag, neu auszurichten und erklärte, dass das Mineralölgeschäft nicht unter die neue Unternehmensphilososphie „e.on – Neue Energie" passe und kein „Kerngeschäft" mehr sei. Zudem war für die E.ON das Gasgeschäft, insbesondere die Ruhrgas, an der die BP als Shareholder mit 25,1 Prozent beteiligt war, interessant. Die BP wiederum war mit dem „Dividend-Value" ihres Ruhrgas-Anteils nicht zufrieden und sah diese Beteiligung als unterbewertet an.

Umgekehrt ergab sich bei RWE eine ähnliche Situation. Auch dieses Unternehmen war unterwegs auf „Einkaufstour" und hatte unter anderem die Dea erworben, die nun ebenfalls nicht mehr auf der Liste der „Kerngeschäfte" auftauchte. Da sich RWE/Dea und Shell, die sich für die Dea interessierte, schnell annäherten, war für die BP auch schnelles Handeln gefragt: „Wir haben in Rekordzeit auf die Vertragsunterzeichnung zwischen der E.ON AG und BP plc. London hingearbeitet und konnten dies am 15. Juli 2001 auch erfolgreich abschließen", schildert Dr. Uwe Franke.

Die Entscheidung, mit welcher Marke wir zukünftig im deutschen Tankstellenmarkt operieren werden, fiel schon sehr früh.

Die Marke Aral lebt von der deutschen Tradition und von ihrem Qualitätsbewusstsein.

„Was haben wir gekauft?", fährt er fort. „Nun, wir haben nicht nur die Veba Oel gekauft, sondern vor allem die wertvolle Marke Aral, die viele Erfahrungen und Kompetenzen im Marketing mitbrachte." Für eine derart starke Marke wird in der Regel ein erheblicher „Goodwill" bezahlt, der im Kaufpreis von 3,3 Milliarden Euro sicherlich enthalten ist. „Die Entscheidung, mit welcher Marke wir zukünftig im deutschen Tankstellenmarkt operieren werden, fiel schon sehr früh. Aber schließlich war es auch ein beträchtlicher Markenwert, den wir da erworben hatten." Zudem muss man sich die Verhältnisse klar vor Augen führen: Aral war mit seinen damals 2379 Tankstellen Marktführer in Deutschland. „Die Marke Aral lebt von der deutschen Tradition und von ihrem Qualitätsbewusstsein. Aral ist als Marke bekannter und stärker als BP. Das Vertrauen der Kunden in die Marke Aral war sehr groß. Dies haben unsere Marktforschungsstudien auch nochmals bestätigt. Die Marke Aral stand auch immer bei Innovationen ganz vorne. So hat Aral 1999 das ‚leiseste Diesel der Welt' eingeführt. Das war im Kraftstoffbereich, der ja ansonsten von den Produkten austauschbar ist, eine echte Differenzierung, die es vorher nicht gegeben hat. Auch die Aktivitäten bei der Entwicklung von Wasserstofftankstellen hat Aral früh gestartet." Insofern passte – lauft Dr. Franke – die Marke Aral von ihren Grundvoraussetzungen gut in einen BP-Konzern, der sich 2000 unter dem Motto „Beyond Petroleum" und mit den Markenwerten leistungsorientiert, innovativ, fortschrittlich und grün neu ausgerichtet hatte. Hier lässt sich Marktführerschaft durch Markenführerschaft erreichen. Vorzugsweise auf Tradition setzen zu können, passt gut in den heutigen Zeitgeist der Retro-Trends und Retro-Marken, ein Pfund, mit dem sich wuchern lässt.

Allerdings wird damit auch der deutsche Markt zu einer blauen Insel inmitten eines grünen BP-Meeres und die grünen Wellen knabbern auch manchmal ein bisschen an der Küste. Denn in einem globalen Konzern ist auch immer die Formulierung einheitlicher Standards ein wichtiges Steuerungsinstrument. „Für mich ist es kein Widerspruch, eine Marke Aral unter dem Motto ‚Beyond Petroleum' zu haben. Das Öl- und Gasgeschäft wird noch lange erhalten bleiben, denn jeder ist realistisch genug zu wissen, dass sich die Alternativen zum Beispiel bei mobiler Energie wie Wasserstoff nur langfristig realisieren lassen. Das negieren wir auch nicht. Beyond heißt auch, wir denken an unsere soziale Verantwortung, wir denken an unsere Verantwortung für den Umweltschutz, wir denken daran, dass wir ‚Good Citizens' sind, dass wir ethische Richtlinien haben, dass wir Respekt und Dignität unseren Leuten gegenüber aufweisen. Es gibt Menschen, die leben in Grauzonen und nutzen sie. Das will BP nicht. BP hat klare Richtlinien, Policies und Standards. Auch das ist Beyond. Petroleum ist ja nicht nur Produkt, Petroleum ist eine Welt, eine Art Kultur, eine Art Wahrnehmung über eine Art Kultur. Und da sagen wir: Wir sind anders. Wir setzen zukünftig auf Gas und neue Energien, wir gehen auf Umwelt und soziale Verantwortung und wir sind uns unserer Verantwortung in dieser Welt bewusst."

Aral ist als Marke bekannter und stärker als BP.

15.07.2001

Vertragsunterzeichnung zwischen E.ON AG, Düsseldorf und BP p.l.c., London zur Neustrukturierung ihrer Öl- und Gasaktivitäten in Deutschland: BP übernimmt 51 Prozent an der Veba Oel AG, Gelsenkirchen (und damit an Aral, zu dem Zeitpunkt 100%ige Tochtergesellschaft der Veba Oel AG). E.ON kann ab April 2002 eine Put-Option zur Abgabe der verbleibenden 49 Prozent Veba Oel ausüben. Gleichzeitig übernimmt E.ON 51 Prozent an der BP-Tochter Gelsenberg AG mit Option auf die verbleibenden 49 Prozent ab Januar 2002. Beide Transaktionen bedürfen der kartellrechtlichen Genehmigung.

16.07.2001

Kommunikation der Vereinbarung in der Presse und Bekanntgabe, dass das BP Tankstellennetz in Deutschland unter der Marke Aral weitergeführt wird.

06.09.2001

Die Wettbewerbsbehörde der Europäischen Kommission entscheidet die Prüfung einiger der von BP bei ihr angemeldeten Vereinbarungen mit E.ON durch das Bundeskartellamt in Bonn, u.a. die Prüfung der auf das Ölgeschäft bezogenen Vereinbarung.

07.11.2001

Die neue Organisationsstruktur zum Zeitpunkt der rechtlichen Umsetzung des Zusammenschlusses wird verkündet.

20.12.2001

Das Bundeskartellamt gibt die Mineralölfusionen Shell/DEA und BP/Veba Oel mit strikten Auflagen frei. U.a. sollen die Marktanteile der beiden neuen Gesellschaften durch den Verkauf von Tankstellen abgebaut werden. Für BP/Veba Oel bedeutet dies die Veräußerung von einem Teil ihres Tankstellennetzes.

01.02.2002

BP übernimmt im Wege einer Kapitalerhöhung mit 51 Prozent die Kapitalmehrheit an Veba Oel. Damit können die Integration der Mineralölgesellschaft in den britischen Konzern und die Zusammenführung der Tankstellennetze umgesetzt werden. Im Zuge der Kapitalerhöhung erhält E.ON von BP rund 1,9 Milliarden Euro an Gesellschafterdarlehen zurück.

Blau und Grün –
Farben mit Effekt

Blau ist die beliebteste Farbe: 45 Prozent der Deutschen nannten Blau als ihre Lieblingsfarbe.

Eva Heller

Die Untersuchung

Meine Untersuchung wurde zwischen 1998–2000 in ganz Deutschland durchgeführt. Befragt wurden insgesamt 2000 Männer und Frauen von 14–97 Jahren. Ausgewertet wurde in drei Altersgruppen: 14–25 Jahre, 26–50 Jahre, über 50 Jahre. Gefragt wurde nach Lieblingsfarben, unbeliebtesten Farben und den typischen Farben von 160 Gefühlen und Eigenschaften.

Dabei standen zur Auswahl: Blau, Braun, Gelb, Gold, Grau, Grün, Orange, Rosa, Rot, Schwarz, Silber, Violett, Weiß. Dies sind alle Farben mit einer eigenständigen psychologischen Wirkung. Denn Mischfarben wie Grau haben eine andere Wirkung als ihre Grundfarben Weiß und Schwarz. Auch die psychologischen Wirkungen der Metallfarben Gold und Silber können durch keine andere Farbe erreicht oder ersetzt werden.

Zweitbeliebteste Farbe ist Grün, bevorzugt von 15 Prozent der Deutschen. Das zeigt, wie eindeutig Blau an der Spitze steht. Blau ist die beliebteste Farbe in ganz Europa.

In Deutschland ist Blau bei Männern mit 46 Prozent und bei Frauen mit 44 Prozent fast gleich häufig Lieblingsfarbe. Bei Männern ist diese Farbvorliebe altersbeständig, bei Frauen nimmt sie ab: Blau bevorzugen von den 14–25-Jährigen 52 Prozent, von den über 50-Jährigen nur noch 38 Prozent. Aber kaum jemand lehnt Blau explizit ab. Nur 1 Prozent der Befragten nannte Blau als „die Farbe, die ich am wenigsten mag". Grün ist bei Männern und Frauen ebenfalls gleichermaßen beliebt. Aber Grün wird bei Männern mit steigendem Alter beliebter: 12 Prozent bei den 14-25-Jährigen, 20 Prozent bei den über 50-Jährigen geben Grün als ihre Lieblingsfarbe an.

Generell ändern sich Farbvorlieben nur sehr allmählich, und nahezu unabhängig von Modetrends der Produktgestaltung. Doch Grün

Die Rangfolge

Die Rangfolge der Beliebtheit wird von anderen Untersuchungen bestätigt. Bei Vergleichen der Prozentangaben zu Lieblingsfarben ist zu berücksichtigen, dass in meiner Studie mit 13 Farben mehr Farben untersucht wurden als in allen andern Studien, manche bieten nur 6 Farben zur Auswahl. Eine geringere Farbauswahl erbringt zwangsläufig einen höheren Prozentwert bei Blau, auch bei Grün. Grundsätzlich gilt: Je weniger Farben den Befragten zur Auswahl stehen, desto weniger spiegeln die Ergebnisse die Vorlieben der Befragten wider, sondern desto mehr die Vorgaben des Fragebogens.

wurde in den vergangenen zwei Jahrzehnten ständig beliebter, das zeigen auch andere europäische Untersuchungen. Ursache dafür ist vor allem die europaweite „Grüne Bewegung"– die neu entdeckte Liebe zur Natur, das moderne Umweltbewusstsein. Der Aufstieg von Grün verlief parallel zum Abstieg von Rot, vorher immer zweitbeliebteste Farbe. Viele mögen kein Rot mehr sehen. In der fast schon vergessenen schwarz-weißen Medienwelt war Rot noch etwas Besonderes, seit Farbfernsehen, Farbfotos, Farbdrucke Standard sind, wurde Rot zur allgegenwärtigen Reklamefarbe und zur Symbolfarbe des Aufdringlichen, Unerwünschten.

Die Entwicklung

In meiner ersten großen Untersuchung von 1985–87 nannten 12 Prozent Grün als Lieblingsfarbe, 9 Prozent als unbeliebteste Farbe. Andere Befragungen, zum Beispiel vom Institut für Demoskopie in Allensbach, bestätigen diesen Trend und dass sich Farbvorlieben nur sehr langsam ändern.

Der Sympathie für Grün steht allerdings immer noch deutliche Ablehnung gegenüber: 7 Prozent erklärten Grün zur persönlich unbeliebtesten Farbe. Die Ablehnung bezieht sich nicht unbedingt, auch nicht wahrscheinlich, auf das grüne Bewusstsein, es geht um die Farbe an sich. Zum Beispiel ist Grün in der Kleidermode wenig präsent, ein Bereich, der eng mit Lieblingsfarben assoziiert wird. Vor allem wird Grün sehr häufig mit negativen Gefühlen verbunden, viele assoziieren spontan „Giftgrün".

Die Methodik

Bedeutenden Einfluss auf die Ergebnisse bei der Untersuchung von Farben und ihrer Wirkung hat es, ob den Befragten Farbmuster vorgelegt werden oder nicht. In meinen Untersuchungen mussten die Farben selbst genannt werden.

Was sagt die Beliebtheit einer Farbe über ihre Wirkung?

Kann man Beliebiges mit der Lieblingsfarbe besser verkaufen? Nein, denn jeder unterscheidet zwischen abstrakten Vorlieben und konkreten Anwendungsbereichen. Entscheidend ist immer der Kontext, in dem eine Farbe wirkt. In der Kleidermode ist Blau sehr beliebt, besonders in der reduzierten Farbigkeit der Herrenmode: Jeans sind für immer mehr Gelegenheiten akzeptiert und ein dunkelblauer Anzug ist fast immer korrekt. In der Damenmode ist Blau in noch mehr Nuancen präsent, und ebenfalls immer richtig. Aber wir essen kaum Blaues, schon gar nicht künstlich blau Gefärbtes. Eine Ausnahme sind Bonbons: Hier ist die Abneigung gegen künstliche Farben am geringsten, denn schon als Kind lernt man, dass Bonbons bunt sind. Das einzige strahlend blaue Getränk, der Likör Blue Curacao, wird meist nur als einmaliger Gag probiert. Im Wohnbereich gilt Blau als eher ungemütlich und ist nur als beruhigende Schlafzimmerfarbe populär. Generell gilt: Die Farbe muss zum Thema passen, in der Werbung zum Produkt.

Allgemeine Wirkungen von Blau

Es gibt Farbwirkungen, die von Erfahrungen abhängen, und wenn eine Erfahrung weltweit gleich ist, dann ist es auch die Wirkung. Überall ist der Himmel blau und deshalb ist Blau weltweit die Farbe der großen Dimensionen. Es ist die Farbe der Ferne, der Unendlichkeit und der Ewigkeit, des Großen. Alles, was weit entfernt ist, wirkt bläulich. Überall fährt man „ins Blaue hinein" – das ist nicht nur die Ferne, das ist auch das Ungewisse, das man nicht genau erkennen kann. Weil Feuer nur aus der Nähe wärmt, wirkt das ferne Blau immer kalt. Auch Lärm wirkt nur aus der Nähe, das ferne Blau ist eine leise Farbe.

Blau ist darum die meistgenannte Farbe der folgenden Begriffe:

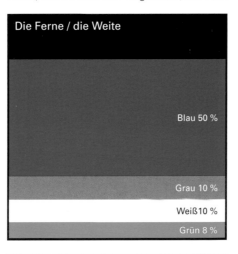

Die Ferne / die Weite

Blau 50 %

Grau 10 %

Weiß 10 %

Grün 8 %

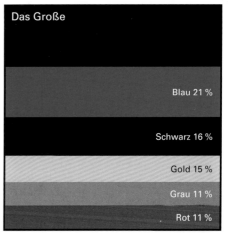

Das Große

Blau 21 %

Schwarz 16 %

Gold 15 %

Grau 11 %

Rot 11 %

Die Ewigkeit / die Unendlichkeit

Blau 29 %

Weiß 26 %

Schwarz 25 %

Die Kälte / das Kühle

Blau 44 %

Weiß 23 %

Silber 15 %

Grau 11 %

Aus konkreten Erfahrungen entstehen symbolische Bedeutungen. Blau ist auch die Farbe der Sehnsucht und der Treue. Sehnsucht gilt den Wunschobjekten in der Ferne, genauso wie sich Treue erst durch räumliche Distanz bewährt. Auch die Phantasie ist auf das Ferne gerichtet.

Aber auch bei weltweit gleichen Erfahrungen können kulturelle Unterschiede wirksam sein. In England und Amerika würde wahrscheinlich doppelt so häufig Blau als Farbe der Treue genannt, denn dort ist „True Blue" = „Treueblau" ein Begriff. Dies ist eine feststehende populäre Verbindung von Farbe und Gefühl – vergleichbar dem deutschen „Giftgrün", was es in England nicht gibt, dafür kennen Engländer „Neidgrün". Der englische Begriff „blue print", im Deutschen ständig falsch übersetzt als „Blaupause" – ein veraltetes Kopierverfahren, bedeutet für Engländer und Amerikaner eine vage Idee, eine Planung ins Blaue hinein, für Deutsche dagegen ein ausgearbeiteter, überarbeiteter Entwurf. Wenn Farbassoziationen in der Sprache verankert sind, prägen sie das Farbempfinden besonders stark. Doch auch ohne sprachliche Verstärkung werden alle ähnlichen Begriffe als farblich ähnlich empfunden, denn wir denken in Kontexten. Die Gesamtheit der Farben eines Gefühls oder Begriffs ergibt einen logischen Farbklang, der das Gefühl unter mehreren Aspekten beschreibt.

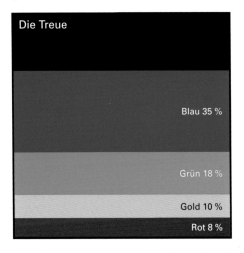

Die Treue

Blau 35 %

Grün 18 %

Gold 10 %

Rot 8 %

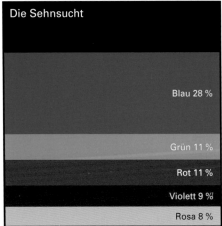

Die Sehnsucht

Blau 28 %

Grün 11 %

Rot 11 %

Violett 9 %

Rosa 8 %

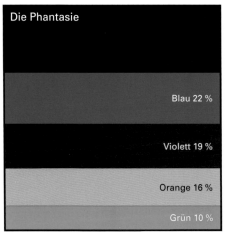

Die Phantasie

Blau 22 %

Violett 19 %

Orange 16 %

Grün 10 %

Auch hier ergeben sich für ähnliche Gefühle ähnliche Farben:

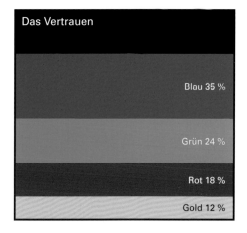

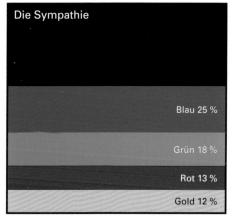

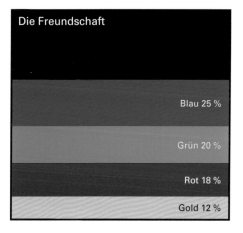

Denn natürlich passen zu Treue und Vertrauen auch Grün, Rot und Gold. Aber niemand verband damit Grau, Braun oder Schwarz. Wer Blau nicht als typische Farbe genannt hatte, war über die Häufigkeit von Blau trotzdem nicht erstaunt, Rückfragen ergaben immer wieder, dass die meisten als zweite Farbe ebenfalls Blau gewählt hätten.

Es gibt aber auch Bedeutungen und damit Wirkungen, die kulturabhängig sind und nicht verallgemeinert werden dürfen. Sagt ein Deutscher, er sei „blau", dann ist er betrunken, sagt ein Engländer „I'm blue", ist er melancholisch, eine himmelblaue Russin ist schüchtern, ein blauer Russe homosexuell. „Blaumachen", die Umschreibung für „Krankfeiern" gibt es nur in Deutschland. Solche unterschiedlichen kulturellen Bedeutungen können zu beträchtlichen Konfusionen führen. Wer in internationalen Werbekampagnen gegen nationale Besonderheiten verstößt, wird mit Misserfolg bestraft.

Kulturell unterschiedliche Farbbedeutungen und damit auch Farbwirkungen sind im Übrigen auch das größte Problem all jener, die behaupten, Farbwirkungen seien angeboren und deshalb bei allen Menschen gleich.

Allgemeine Wirkung von Grün

Grün wird kulturell sehr unterschiedlich bewertet. Im Islam ist es die Heilige Farbe. In China ist Grün eine der fünf Grundfarben der Symbolik und wird viel höher geschätzt als Blau. In Europa ist Grün in jeder symbolischen Bedeutung die Farbe der Mitte, auch der Mittelmäßigkeit. Grün ist weder nah noch fern, kalt noch warm, weder weiblich noch männlich. Es ist weder eindeutig positiv noch eindeutig negativ. Grün gilt einerseits als die

Symbolfarbe der Hoffnung, andererseits als die Farbe des Dämonischen, von Drachen bis zu den kleinen grünen Männchen. Dazu kommt, dass die Wirkung von Grün sehr stark vom Grünton abhängt: Helles Grün wirkt frühlingshaft und jugendlich, dunkles Grün wirkt ältlich und bieder.

Grün erscheint als bodenständig, von Blau erwartet man höhere Werte. Als Farbe der Natur erscheint Grün spontan unpassend für technische Produkte, grüne Autos waren noch nie beliebt, in Frankreich sind sie verpönt. Ganz besonders unpassend wird Grün empfunden für chemische Produkte, hier drängt sich die Assoziation „Giftgrün" noch stärker auf.

Wie wirkt Aral-Blau?

Leuchtend, hell und kalt ist das Aral-Blau. Es ist nah am Cyanblau, dem Primärblau beim Farbdruck. Die Grundidee bei der Gestaltung des Logos war Himmelblau mit dem Weiß der Wolken zu kombinieren. Nun ist kein Himmel von oben bis unten gleichmäßig blau, in der Malerei spricht man von „Himmelsperspektive". Ganz oben ist das Blau dunkler und rötlicher, als Künstlerfarbe ist es Ultramarinblau. Weiter hinunter zum Horizont verliert das Blau den Rotstich, wirkt kälter, in der Malerei ist es Kobaltblau. Und je näher zum Horizont, desto heller und kälter wird das Blau, immer ähnlicher dem Cyanblau. Deshalb ist das Aral-Blau nicht das Blau der Himmelfahrt – weder im symbolisch-religiösen Sinn noch im touristischen Sinn. Aral-Blau ist das Blau der mittleren Entfernungen. Und das ist genau das passende Blau für das Produkt Benzin. Wer heutzutage tankt, fährt meistens nicht in die weite Ferne, sondern bleibt im Nahbereich, und wer wirklich weit weg will, denkt heute nicht mehr ans Auto, sondern ans Flugzeug.

Spezielle Wirkung von Blau-Weiß

Das wichtigste Kriterium für die Wirkung einer Farbe sind die damit kombinierten Farben. Die gleiche Farbe wirkt immer wieder anders, weil die umgebende Farbe abstrahlt: Blau wirkt neben Weiß viel schwächer als neben Schwarz, neben Grün gelblicher und wärmer als neben Rot. Vor allem ändert jede zusätzliche Farbe die psychologische Wirkung. Blau wirkt neben Gelb ausgesprochen weiblich, aber neben Schwarz typisch männlich.

Grundsätzlich ist in einem Firmenlogo die Kombination mehrerer Farben günstiger als eine Einzelfarbe, denn jede Einzelfarbe wird von unzähligen Unternehmen belegt. Die spezielle Farbnuance ist dabei relativ unwichtig. Denn nur wenige sind in der Lage, die Nuance des Aral-Blaus zum Beispiel vom Blau der Deutschen Bank oder dem Blau der Volksbanken, vom Siemens-Blau, vom Burda-Blau oder vom Nivea-Blau zu unterscheiden.

Bei einem Logo führen mehrere Farben zu einer eindeutigeren Erkennbarkeit. Ohnehin ist es in der Realität kaum möglich, nur mit einer Farbe zu arbeiten. Die Printmedien haben als Zusatzfarben üblicherweise Weiß als Grundfarbe des Papiers und Schwarz als Druckfarbe. Auch eine Tankstelle ist nie nur total blau, zum optischen Gesamteindruck gehören auch das Schwarz-Grau des Asphalts, das Weiß und Grau der Gebäude sowie das Grau und Silber für technische Einrichtungen. Genau diese Farbkombination Blau-Weiß-Grau-Schwarz-Silber ergibt einen sehr günstigen Farbklang für das Produkt Benzin.

Assoziationen, die sich zum Farbklang des Aral-Logos und den dazu üblichen Zusatzfarben ergeben:

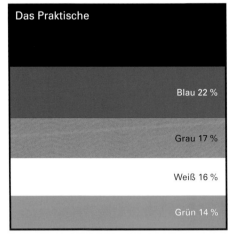

Das sind Assoziationen, die hervorragend zum Produkt passen.

BP-Logo gegen Aral-Logo

Das Grün-Gelb des BP-Logos, das an eine Sonnenblume erinnert, wirkt nicht so überzeugend: Es ist zu weit weg vom Produkt und wäre ideal für Sonnenblumenöl. Obwohl auch Benzin ein Naturprodukt ist, gilt es als typisch chemisches Erzeugnis, der Versuch solche Assoziationen mit einem Logo zu überwinden, hat wenig Erfolgschancen. Darüber hinaus entsteht durch die unvermeidbare Zusatzfarbe Schwarz ein negativ besetzter Farbklang: Grün-Gelb-Schwarz sind die Farben des Neids, des Geizes. Wäre dieses Logo eine Neueinführung, würde es Jahre dauern, bis die Verbraucher positive Werte damit verbinden, die sich dann aber auf andere Erfahrungen als das Logo beziehen. Und wenn das Image, das eine Werbung aufbauen will, nicht zum Image des Produkts passt, wirkt die Werbung unglaubwürdig. Die Verbraucher sind zunehmend weniger geneigt, sich von der Werbung zu anderen Einstellungen bekehren zu lassen. Positiv formuliert: Je mehr Werbung und Produktimage den Vorstellungen der Verbraucher entspricht, desto erfolgreicher ist sie. Auch in diesem Sinn ist Blau viel besser als Grün.

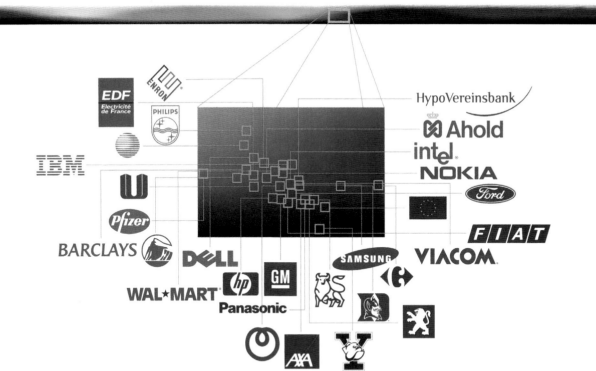

The Battle for Blue

Companies spend millions trying to differentiate their brand from others. Yet a quick look at the logos of major corporations reveals that in colors as in real estate, it's all about location, location, location. The result is an ever more frantic competition for the best neighborhood. Here's a look at the new blue bloods. – Michael Rock

„Ja, mit einem guten Gefühl auf jeden Fall."
Die Markenbilder von Aral und BP in den Köpfen der Kunden

Tankstellenmarken stellen besondere Herausforderungen an die Markenführung. Schließlich tritt hier die Marke dem Kunden nicht nur als Markenzeichen, Logo und Slogan gegenüber, sondern das Kundenerleben der Marke ist gleichbedeutend mit dem Erleben des Geschäftssystems als Ganzem.

Tim Wesener, Claudia Mennicken, Franz Liebl und Thorsten Voigt

Daher kann man Tankstellenmarken als den „most challenging case" der Markenführung bezeichnen. Doch damit nicht genug der besonderen Anforderungen an das Markenmanagement: In dem vorliegenden Fall der beiden Marken Aral und BP hat man sich dazu entschieden, die ehemaligen BP-Stationen auf die Marke Aral umzurüsten. Mit dem Rebranding wurde damit eine alte Traditionsmarke erhalten.

Schön für die Aral-Kunden mag man denken, denn nun finden sie in Deutschland mehr Aral-Tankstellen als je zuvor. Doch ist das wirklich so? Wird eine ehemalige BP-Station durch Umlackieren zu einer Aral-Tankstelle? Und: Was ist mit den BP-Kunden? Wo finden sich diese in der „Brand New World" wieder? Zwar wurde nach dem Rebranding, mit dem Hinweis „Aral – Ein Unternehmen der BP Group", die Verbindung zur bekannten Marke hergestellt. Doch auch der umgestaltete Auftritt von BP war für die BP-Kunden (und alle anderen) neu: Vor der Umrüstung der BP-Tankstellen war Wandel bei der Tankstellenmarkierung vom BP-Shield zum BP-Helios in Deutschland noch nicht vollzogen.

Hier stellt sich somit die Frage nach den Rahmenbedingungen und Konsumkontexten, auf die diese Entscheidungskonstellation im Markt und bei den Kunden trifft. Dabei bedingt die Identität von Marke und Geschäftssystem ein anderes Verständnis von strategischer Markenführung. Altbekannte Kategorien wie Markenkern, -image und -persönlichkeit helfen hier nur bedingt weiter. Wie im einleitenden Beitrag erläutert (vgl. Artikel: Markenfusion – Aus Liebe zur Marke?), verstehen wir Marken als Projektionsflächen und Vorstellungswelten, deren Inhalte nicht nur durch das Unternehmen bzw. das Marketing gesetzt und an den Konsumenten übermittelt, sondern und gerade durch den Konsumenten gedeutet, erlebt und mitgestaltet werden. Für die strategische Markenführung sind damit die Markenbilder von Konsumenten maßgeblich.

Markenbilder sind keine eindimensionalen Gebilde, sondern komplexe kognitive Strukturen, die mehrere Facetten aufweisen [vgl. Abb.1]: Auf der Oberfläche werden die spontanen Assoziationen zur Marke erkennbar. Die Betrachtung der Oberfläche alleine ist jedoch wenig aussagekräftig, wenn man eine Vorstellung darüber gewinnen möchte, was eine Marke für den Kunden wirklich bedeutet und ausmacht. Die Interpretation von Markenassoziationen ist somit erst dann möglich, wenn auch die Nutzungsmotivation des Kunden und seine Beziehung zur Marke verstanden worden sind. Hierzu gehört auch, die Entwicklungsgeschichte des Markenbildes zu rekonstruieren – mit anderen Worten: das Markenerbe zu erheben –, da sich erst hierdurch der Begründungszusammenhang für die Wahrnehmung der Kunden erschließt. Markenbilder resultieren zumeist in einer Collage aus persönlichen Erfahrungen und Erlebnissen, die teilweise als Geschichten in der Vorstellungswelt der Kunden verankert sind. Aber auch diffuse Eindrücke, die beispielsweise durch Erzählungen von Dritten oder medial vermittelt wurden, formen das Bild von der Marke in den Köpfen der Konsumenten.

Markenerbe: Entwicklungshistorie des Markenbildes

Tiefenstruktur – Motivationen: Warum nutzt der Kunde diese Marke?

Die Oberfläche: Markenassotiationen

Tiefenstruktur – Kundenbeziehung: Wie sieht der Kunde sein Verhältnis zu dieser Marke?

Der Grad der Verankerung und somit die Bedeutung der Marke für den Konsumenten kann dabei erheblich variieren. Die Bandbreite reicht von einer vagen Vorstellung, die kaum mehr als die Erinnerung des Markennamens umfasst, bis zu einem starken lebensweltlichen Bezug zur Marke, durch den diese als Orientierungshilfe auch eine wichtige Rolle im alltäglichen Leben spielt.

Markenbilder zu erheben, setzt eine methodische Vorgehensweise voraus, die der Komplexität dieser Facetten gerecht wird. Vorstrukturierte Fragebögen helfen hierbei nicht weiter, da Unvermutetes dort keinen Platz findet. Vielmehr erfordert der Blick in die Vorstellungswelten der Konsumenten eine explorative Vorgehensweise, bei der es darum geht, zu entdecken und zu verstehen. Wir ziehen demzufolge eine Form von qualitativen Interviews vor, die darauf abzielt, die Geschichten der Konsumenten rund um die Marke zu erheben – das so genannte Storylistening –, denn in diesen Geschichten verbergen sich gleichermaßen die Oberflächenassoziationen wie auch die Kontexte, in denen und wie sie erlebt wurden. Storylistening bedeutet demnach vor allem, gezielt zuzuhören und sich in die Lebenswelt der Konsumenten zu begeben.

Die Methode – Das Storylistening

Das Storylistening stellt den Kunden mit seiner Beziehung zur Marke in den Mittelpunkt. Der Kunde soll seine Geschichte(n) erzählen: was er mit einer Marke verbindet, was ihm wichtig und bedeutsam erscheint, welche besonderen Erlebnisse er mit einer Marke hatte. Dies geht freilich nicht, wenn ihm feste Antwortmöglichkeiten vorgegeben werden. Es gilt zu verstehen, was der Kunde an einer Marke schätzt und nicht was ein Unternehmen meint, was Kunden denken sollten. Das Storylistening ist damit ergebnisoffen. Insgesamt wurden 80 Tankstellenkunden befragt.

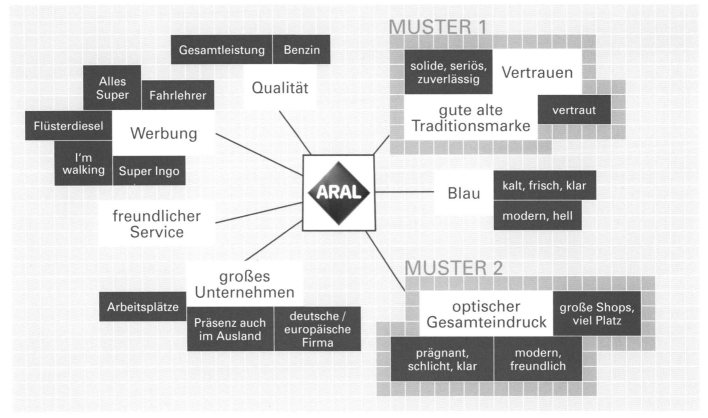

[1]

Markenbilder im Vergleich – Aral und BP vor dem Rebranding

Wie die Markenbilder von Aral- und BP-Kunden vor dem Rebranding aussahen, haben wir in mehreren Studien mit Hilfe des Storylistening-Ansatzes untersucht. Zwei Fragen waren dabei zentral:

1. Welche Assoziationen charakterisieren das Erbe der beiden Marken BP und Aral in der Wahrnehmung der Kunden, und durch welche Erfahrungshistorie ist diese Wahrnehmung begründet?

2. Wie beschreiben die Kunden ihre Beziehung zu den Marken Aral und BP, und was sind die kritischen Faktoren, die für den Transformationsprozess „aus Grün wird Blau" relevant sind?

Diese Überlegungen stellten sich jeweils aus der Perspektive von Aral- und BP-Kunden bezogen auf beide Marken. Insgesamt ergaben sich somit vier Markenbilder.

Bezogen auf die erste Frage wurde aus den Befragungen deutlich, dass das Aral-Bild der Aral-Kunden zunächst hauptsächlich durch „blau" charakterisiert war. Diese Farbwahrnehmung war äußerst positiv besetzt, denn sie wurde mit Frische, Klarheit und Modernität assoziiert. Darüber hinaus teilten sich die Aral-Kunden in zwei sich deutlich voneinander unterscheidende Gruppen auf [vgl. Abb. 1].

Von einer Gruppe wird der Aspekt einer „guten, alten vertrauten Marke" betont, wie folgendes Zitat einer Aral-Kundin belegt [vgl. Muster 1 in Abb. 1]:

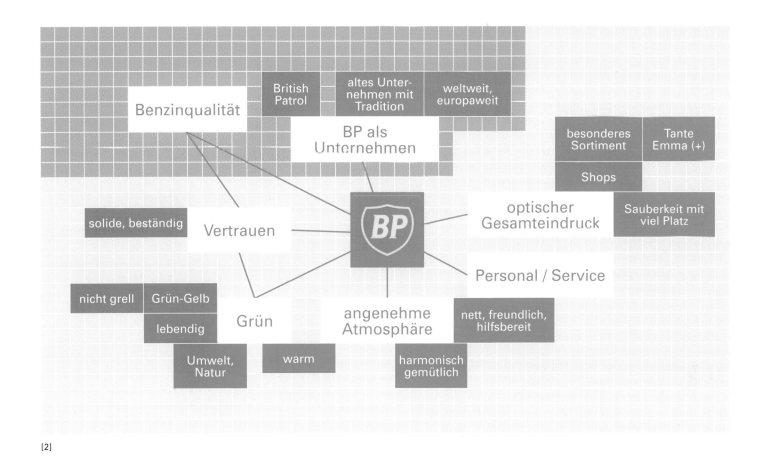

[2]

„Eigentlich ja, Aral, ich find Aral gut. Ich finde, dass ich sehr gut mit fahre. Hauptgrund ist eigentlich: durch mein Alter vielleicht auch, dass wenn man was hat, wenn es vertraut ist, dass man da auch immer wieder hingeht. Auf der Fahrt hierher ist es mir aufgefallen, dieses blaue Schild wirkt vertraut. Alles blau. Ja, vielleicht das."

Die andere Gruppe stellt hingegen die Bedeutung einer modernen, ordentlichen und sauberen Anmutung der Stationen in den Vordergrund [vgl. Muster 2 in Abb. 1]:

„Auch vom äußeren Erscheinungsbild gefällt es mir auch sehr gut. Die Farbe Blau überwiegend, es ist so ein bisschen moderner, vielleicht sogar aggressiver, sage ich mal, aber sehr ansprechend. Ne klare Linie, von der Gestaltung her, ich kümmere mich erst einmal immer um die Gestaltung, was so optisch gefällt."

Erstaunlich war, dass die BP-Kunden bezogen auf die Marke Aral die gleichen Charakterisierungen verwendeten wie die zweite Aral-Gruppe – z.B. Modernität und Ordnung –, diese jedoch anders bewerteten, nämlich als „kühl, distanziert und arrogant". Dies wurde z.B. wie folgt von einer BP-Kundin formuliert:

„Aral wirkt kompetent, aber distanziert. Da bin ich lieber eine Klasse tiefer, jetzt übertrieben gesagt in Anführungsstrichen und fühl mich aber menschlich wohler oder innerlich auch wohler."

Kommen wir nun zu der Wahrnehmung der Kunden beider Marken bezogen auf die Marke BP. Das BP-Bild der BP-Kunden [vgl. Abb.3] hebt zunächst auf „grün" ab, wobei diese Farbe weitaus weniger emotional aufgeladen ist als das Aral-Blau.

Besonders charakteristisch für das Markenbild ist die „gemütliche und harmonische Gesamtatmosphäre", die von der Wahrnehmung eines besonders freundlichen Personals bestimmt ist:

> „Ja, man muss auch mal eine kleine Unterhaltung so nebenbei führen oder dass man mal was anderes fragt, dass einfach mal ein Lächeln kommt. Dass also nicht einfach nur stur abkassiert wird oder so, und wenn man eine Frage hat, dass einfach ein anderes Auftreten da ist, bei den Leuten, die dahinter stehen. Das finde ich schon wichtig. Das ist mir einfach aufgefallen."

Das BP-Markenbild der BP-Kunden wird aber auch durch die Tankstellenoptik geprägt, die ebenfalls als wärmer und persönlicher empfunden wurde:

> „Wenn ich das heute so im Vergleich sehe, dann kenn ich so irgendwie eine alte kleine Tankstelle da, BP. Dann ist es was Antiquiertes, aber es hat eigentlich so was Liebenswertes. Ich würde das gar nicht ändern wollen, weil ich hab immer das Gefühl, das ist mein Tante-Emma-Laden im Benzinbereich, und ich glaube, das ist auch ein Grund, warum ich die Tankstelle so mag. Es ist mir noch gar nicht so aufgefallen, aber jetzt, wo wir darüber reden. Das ist wirklich noch so, die Regale sind... eigentlich ist der Laden unmöglich, aber ich find trotzdem, irgendwie hat er Charme."

Das BP-Markenbild der Aral-Kunden zeichnet sich dadurch aus, dass BP weitestgehend als zwar etablierte, aber unauffällige Marke beschrieben wird:

> „Die Marke BP ist mir geläufig, aber ich verbinde damit fast gar nichts Konkretes. Also ich meine, wenn man mich so nach Tankstellen fragt, so würde mir Aral und BP sofort einfallen, aber ich wüsste jetzt gar nicht, wo bei mir die nächste BP-Tankstelle ist. Ich hab das Gefühl, dass die nicht so besonders präsent sind. Mir fällt jetzt dazu keine besondere Werbung ein. Die sind für mich insofern nicht so greifbar. Ich weiß auch nicht, was BP heißt. Das Logo ist moosgrün, und ansonsten... Die Tankstellen haben meistens einen relativ großen Shop, wenn ich mich nicht irre. Ich kann ansonsten damit wenig verbinden."

Bemerkenswert war weiterhin, dass das Markenbild von Aral in den Köpfen sowohl von Aral- als auch von BP-Kunden erheblich fester verankert war. Die Prägnanz der Beschreibung der Markenassoziationen war deutlich größer als das relativ unauffällige Markenbild von BP. Die Markenbilder der Kunden basierten auf eher langfristigen Erfahrungswerten, die sich aber im Falle von BP stärker auf die Tankstelle bezogen, im Falle von Aral auch durch Eindrücke von der Marke als solcher beeinflusst waren. Interessanterweise ist dabei aus der Sicht der Kunden die regelmäßige Nutzung einer Tankstelle(nmarke) nicht gleichzusetzen mit dem Gefühl, auch Stammkunde einer Marke zu sein; d.h., „Heavy User" sehen sich selbst mitnichten automatisch als Markenenthusiasten.

Diese Oberflächenphänomene der beiden Markenbilder von Aral und BP bei den Kunden deuteten schon auf eine unterschiedliche Tiefenstruktur hin, die begründet, warum sich die Befragten als Stammkunde einer Tankstellenmarke sahen: die Beziehung zur Marke und der Stellenwert, der dieser im Leben ihrer Kunden zukam. Hierzu war ein tiefergehender Blick in die bei den Kunden existierenden Motivations- und Beziehungsstrukturen hilfreich.

Motivation

Die Frage zur Motivation lautet: Was sind die treibenden Kräfte der Kundenhandlungen? Was sucht der Kunde bei einer Tankstelle(nmarke)? Hier konnten die folgenden drei grundlegenden Muster identifiziert werden:

- Pain Avoiding,
- Pleasure Seeking und
- Liebe zum Auto.

Beim Pain Avoiding wird die Tankstelle als eine Art Hilfesteller erlebt, die das Alltagsleben erleichtert. Damit geht diese Sicht der Kunden über den reinen „Convenience"-Gedanken hinaus. Aufgaben wie Tanken und Autopflege, manchmal auch das Einkaufen, die getan werden müssen – auch mit Unlust oder sogar mit auf Ängsten basierenden Hemmungen (Frauen und Autowäsche) –, möchten am liebsten mit so wenig Aufwand wie möglich erledigt werden. Exemplarisch hierfür die Aussage einer Aral-Kundin auf die Frage, mit welchem Gefühl sie sich bei Aral aufhält:

> „Ja, mit einem guten Gefühl, auf jeden Fall. Das ist jetzt anders, als wenn ich im Supermarkt bin oder so. Das ist nicht so ein Stress, das ist eher ruhiger dann alles."

Während beim Pain Avoiding das Streben nach Erleichterung bei der Bewältigung von Alltagsstress im Vordergrund steht, ist es beim Pleasure Seeking die Suche nach Lust und Entspannung. Der Kunde erweitert dabei seine eigenen Möglichkeiten: Man gönnt sich mal et-

was, und sei es nur ein Schokoriegel, oder man plauscht mal in Ruhe mit dem Servicepersonal oder schaut sich in Ruhe Zeitschriften und Bücher an:

> „Also hier haben die ein großes Warenangebot. Da gibt es viele verschiedene Dinge, sogar unseren lokalen Wein. ... Ich finde es dort angenehm, da nach Büchern zu schauen. Ich lese gerne Krimis. Und ich kann da in Ruhe schauen und auch wieder rausgehen, ohne was zu kaufen; wobei ich das noch nie gemacht habe. Wenn ich da hingehe, kaufe ich auch immer etwas."

Die Liebe zum Auto stellt das „Wohlergehen" desselben in den Vordergrund, wobei man hier selber in großer Sorgfalt sein Auto an der Tankstelle reinigt, pflegt und wartet.

> „Wenn mein Auto mit mir reden würde, würde es mich bestimmt loben und sagen: Hast du wieder gut gemacht, dass du da getankt hast."

Allerdings war dieses Motiv im Gegensatz zu den beiden anderen Mustern nur bei einem vergleichsweise kleinen Teil der Kunden feststellbar.

Bemerkenswerterweise waren die vorherrschenden Motivlagen bei Aral- und BP-Kunden durchaus ähnlich. Sowohl bei Aral- als auch BP-Kunden dominierte das Entlastungsstreben, das Pain Avoiding. Ein kleinerer Teil der Kunden beider Marken stellte die Suche nach Vergnügen und Genuss – Pleasure Seeking – in den Vordergrund.

Kundenbeziehungen

Dennoch bleibt offen, warum trotz ähnlicher Motivlagen unterschiedliche Tankstellen(marken) als Problemlöser wahrgenommen und genutzt werden. Hier ist ein tiefergehender Blick in die Markenbeziehung vonnöten: Welche Beziehung pflegt der Kunde zu seiner Marke bzw. zu seiner Tankstelle, um die genannten Motivationen zu bedienen? Hierbei konnten wir in Bezug auf Tankstellenmarken insgesamt vier unterschiedliche Beziehungstypen identifizieren:

- orientierungsgeprägt,
- beziehungsgeprägt,
- habituell und
- low involvement.

Der erste Typus schätzt die (anonyme) Orientierung an der Tankstelle; hervorgerufen durch ein Geschäftssystem, das als ergonomisches, konsequent vervielfältigtes Corporate Design mitsamt den zugehörigen (Geschäfts-)Prozessen erlebt wird. Bei den Aral-Kunden zeigte sich ein sehr hoher Anteil von orientierungsgeprägten Kunden, die Übersichtlichkeit, Modernität und Aufgeräumtheit einer bestimmten Station oder auch generell des Aral-Tankstellennetzes unterstrichen. Diese Orientierung wird nicht nur im Ganzen als positiv bewertet, sondern geht sogar so weit, dass Kunden wie mit einem quasi-photographischen Gedächtnis das Layout der Tankstelle beschreiben können, wie das Zitat eines Aral-Kunden über Aral zeigte:

„Es ist mein Naturell, ich brauche Ordnung um mich herum. Es muss aufgeräumt sein, es muss sauber sein und diese eine bestimmte Aral-Tankstelle, die ich da vor Augen habe. Die ist räumlich sehr großzügig, aber nicht voll gestellt. Das wirkt alles, gerade Linien, klar begrenzte Regalbereiche. Die Freifläche ist übersichtlich. Das ist ein großes Grundstück. Das Ding ist da in die Landschaft geklotzt worden, vom Reißbrett konzipiert. Dieses Luftdruckgerät für die Reifen steht im rechten Winkel zur Fahrspur. Es ist was anderes, als wenn es an so einer kleinen Landtankstelle wäre, die da irgendwie um so ein Einfamilienhaus herumgebaut wurde. Aber diese Ordnung nehme ich als angenehm wahr, deswegen fühle ich mich da wohl."

Beziehungsgeprägte Kunden schätzen hingegen das persönliche Verhältnis zum Pächter oder Tankstellenpersonal. Die persönliche Bindung zum Personal war bei den Aral-Kunden schwächer ausgeprägt als bei BP-Kunden. Die BP-Kunden hingegen wiesen einen überproportionalen Anteil an beziehungsgeprägten Kunden auf, denen gerade die persönliche Beziehung zum Personal besonders bedeutend erschien.

„Einmal hat er mich geärgert, aber das hat er extra gemacht. Da hat er auf einem Stapel, wo ich meine Zeitung immer wegnehme, so im Vorbeilaufen hat er mich wohl gesehen, hat er eine andere hingelegt. Und dann komme ich... und ich denk ohh. Da hat er sich totgelacht. Das sind so Dinge, wo ich dann sage, das sind so persönliche Beziehungen, die sich dann so im Laufe der Jahre aufbauen, wenn man da regelmäßig immer hingeht. Ich gehe auch immer zum gleichen Bäcker, möglichst zum gleichen Supermarkt. Genauso wie mit den Ärzten. Ich brauche diesen persönlichen Kontakt halt. Ich empfinde den als sehr wichtig. Wir haben in der heutigen Zeit zu wenig Zwischenmenschliches. Man vermisst es. Gehen Sie heute mal in den Kaufhof, da ist nicht mehr die Verkäuferin von gestern oder von vorgestern, da ist wieder eine neue. Die hat jetzt absolut die Gebietshoheit übernommen, und sie haben eigentlich keine Chance mehr, menschliche Beziehung da reinzubringen, das fehlt. Da sind halt noch so Anlaufstellen, wo ich sage, da kann man's noch."

Der Anteil der orientierungsgeprägten BP-Kunden war – im Gegensatz zu den Aral-Kunden – sehr schwach ausgeprägt. Auch wurde die Orientierung hier eher im Sinne von Vertrautheit mit einer Umgebung geschätzt, die gerade durch eine weniger moderne, große und unpersönliche Aufmachung als sympathisch empfunden wurde und somit den Beziehungsaspekt zusätzlich stützte.

Wenig erstaunlich war, dass im Falle der beiden Marken, Aral und BP, eine Beziehung, die sich qua Abwesenheit von besonderen kognitiven oder emotionalen Bindungselementen kennzeichnete, nämlich das Low Involvement, kaum vorzufinden war. Allerdings – und das war eine Unbekannte für das Rebranding – gab es bei beiden Marken einen nennenswerten Anteil an Kunden, der die jeweilige Marke aus Gewohnheit (habituell) nutzte.

Die Aussagen der Aral-Kunden ließen darauf schließen, dass sie sich aus damaliger Sicht – bezogen auf das Rebranding – als weniger kritische Zielgruppe darstellten, sofern ihre hochgesteckten Erwartungen nicht enttäuscht würden.

Eine andere Einschätzung ergab sich aufgrund der geschilderten Markenbilder der BP-Kunden. Diese stellten die von ihnen oft als gemütlich eingeschätzte Atmosphäre von BP in den Vordergrund. Die Marke Aral transportierte für sie hingegen eher eine unangenehm helle und anonyme Atmosphäre. Vor diesem Hintergrund hätte Rebranding von den Kunden so interpretiert werden können, dass nicht nur die geschätzte Anmutung der Tankstelle selbst verloren ginge, sondern diese auch von der Größe und dem Konzept her dem als modern und ungemütlich eingeschätzten Aral-Modell folgen würde. Außerdem mussten eventuelle Befürchtungen, dass auch das zweite Bindungselement – die persönliche Beziehung zum Personal und Pächter – verloren gehen könnte, adressiert werden.

Das Motto der Kommunikationskampagne, die den Transformationsprozess begleitete – „Aral kommt. BP bleibt." –, griff diese Thematik auf und kommunizierte somit eine Botschaft, die auch rückblickend in hohem Maße anschlussfähig an die Vorstellungswelten der Kunden erscheint.

Markenbilder, Kundenorientierung und Wettbewerbsvorteile

Wie sich an diesem Beispiel zeigt, ist die Analyse von Markenbildern der Ausdruck einer konsequenten Kundenorientierung, die die Perspektive des Kunden ernst nimmt. Denn hier wird der Kunde mit seinen Vorstellungs- und Erlebniswelten zu einer Marke in den Mittelpunkt gestellt. Betrachtungen zum Markenkern erweisen sich dazu oftmals als wenig zielführend, können sie doch nicht einmal Anhaltspunkte für die Trennung von Kunden und Nicht-Kunden liefern.

Eine Verschränkung der von uns identifizierten Dimensionen „Motivation" und „Kundenbeziehung" erlaubt es hingegen, Kunden danach zu unterscheiden, was ihnen wirklich wichtig ist. Bei den Marken Aral und BP stellten sich beispielsweise die folgenden vier Gruppen als besonders relevant heraus, die jeweils einen anderen Aspekt an „ihrer" Tankstelle(nmarke) schätzen [vgl. Abb. 3].

Eine solche Vorgehensweise führt zu einer handhabbaren Anzahl von Segmenten, die Kunden zusammenfassen, die in ihren Ansprüchen und Erwartungen homogen sind, wobei die Segmente untereinander klare Unterschiede aufweisen. Diese Betrachtung führt somit zu prägnanteren Aussagen als eine Kategorisierung anhand vorab definierter Eigenschaften. Dies zeigt sich auch im Fall der Marken Aral und BP, wo die von uns identifizierte Segmentierung quer zu sozio-demographischen Merkmalen wie Alter und Geschlecht lag.

Die Betrachtung von Markenbildern eröffnet dem Unternehmen einen Einblick in die Vorstellungswelten von Kunden. Darüber hinaus entspricht sie auch dem wichtigsten Zweck der Kundensegmentierung, nämlich Kunden gemäß ihrer Vorstellungen begegnen zu können, um gezielt den strategischen Wettbewerbsvorteil des Unternehmens zu stärken.

Da eben jene Wahrnehmung der Marke aus Kundensicht über die Existenz des Wettbewerbsvorteils eines Unternehmens entscheidet, kann die Kenntnis von den Markenbildern der Kunden einen wichtigen Beitrag zur Einschätzung strategischer Entscheidungsoptionen liefern und Treiber von Veränderungsprozessen sein.

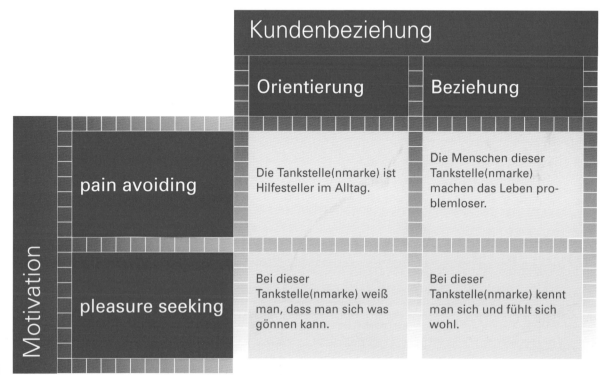

[3]

Die Markenentscheidungen

Kundenbeziehung

Orientierung · **Beziehung**

Motivation

pain avoiding

Die Tankstelle(nmarke) ist Hilfesteller im Alltag.

Die Menschen dieser Tankstelle(nmarke) machen das Leben problemloser.

pleasure seeking

Bei dieser Tankstelle(nmarke) weiß man, dass man sich was gönnen kann.

Bei dieser Tankstelle(nmarke) kennt man sich und fühlt sich wohl.

DER UMSTELLUNGS-PROZESS

Was macht eigentlich ein Integrationsmanager?

Der Kauf der Veba Oel AG, und damit der Aral, die eine 100-prozentige Tochter von Veba war, dauerte vom Tage der Vertragsunterzeichnung bis zur endgültigen Genehmigung und Übernahme ein Jahr. Sie war mit der Auflage verbunden, das Tankstellengeschäft neu zu strukturieren, indem ein Teil der Tankstellen an Wettbewerber verkauft werden musste.

Jürgen Studt im Gespräch mit Franz Liebl und Claudia Mennicken

Darüber hinaus wurden die Tankstellennetze von BP und Aral verschmolzen; die strategische Entscheidung von BP lautete: In Deutschland werden alle Tankstellen zukünftig unter der Marke Aral betrieben und deshalb die BP-Stationen auf die Marke Aral umgerüstet. Doch damit nicht genug der Aufgaben, die eine Übernahme mit sich bringt. Nicht nur das Business wurde im Rahmen der Übernahme neu formiert, sondern das Unternehmen Aral musste auch innen, in seinen Strukturen, Prozessen, aber auch Kulturen und Grundhaltungen, neu ausgerichtet werden. Schließlich arbeitete man nun mit den Mitarbeitern der Deutschen BP unter dem Dach des globalen BP-Konzerns. Welche Erfahrungen man dabei als Integrationsmanager macht, welche Wege man einschlägt und welche Stolpersteine sich da finden, schilderte Dr. Jürgen Studt in einem Gespräch mit Franz Liebl und Claudia Mennicken.

Integrieren heißt kommunizieren

Dr. Jürgen Studt hätte sich sicherlich 1995, als er bei der Deutschen BP den Bereich „Sales & Operations", also das Tankstellen- und Shopgeschäft, übernahm, nicht vorstellen können, dass er sieben Jahre später diesen Bereich mit der Marke und dem Unternehmen Aral zusammenführen wurde. „Meine Aufgabe als Integrationsmanager beinhaltet das Anschieben und Steuern aller Prozesse, die wir gemeinsam für erforderlich halten, um die Tankstellenbereiche beider Firmen zusammenwachsen zu lassen."

Integrieren heißt strukturieren

„Nun, als Integrationsmanager agieren Sie da nicht alleine", resümiert Dr. Jürgen Studt, „die Integration des Geschäftsbereichs Tankstelle war ja nicht die einzige Aufgabe, die zu bewältigen war. Alle anderen Geschäfts- und Tätigkeitsbereiche haben auch diesen Integrationsprozess vollzogen, ob das nun die Raffinerien, unser Retailgeschäft oder der Bereich Informationstechnologie und Personal war."

Aus Organigrammen, Funktionen und Zuständigkeiten lässt sich nicht besonders gut erschließen, wie ein Unternehmen wirklich läuft und wie die Abläufe aussehen. Deshalb stand von Beginn an eine Analyse der Prozesse im Mittelpunkt, deren Sinn und Zweck war, Synergiepotenziale zu heben. „Was wir erreichen wollten, war ein ‚Best of Both', die Dinge zu übernehmen und weiterzuentwickeln, die gute Lösungen darstellten – unabhängig davon, ob diese von der BP oder der Aral kamen." Ein Ansatz, der sich im Nachhinein als sehr erfolgreich erwiesen hat, aber nicht immer leicht zu vermitteln war, denn jedes Unternehmen und jeder Mitarbeiter hat aufgrund seiner Historie eine gewisse Vorstellung davon, was gut, weil routiniert läuft. „Wenn Sie sich dafür Zeit nehmen, mit objektiven Kriterien arbeiten, die Menschen beteiligen und mit Transparenz und viel Kommunikation arbeiten, kommen Sie da gut voran", führt Dr. Studt aus. Kommunikation ist ein zentraler Treiber und Erfolgsfaktor. Viele Integrationsveranstaltungen, Workshops und Meetings haben diesen Prozess begleitet.

Dabei wurden auch neue Wege beschritten, um den Vorbehalten von beiden Seiten zu begegnen, unterschiedliche Kulturen der Unternehmen zusammenzuführen. Zusammen mit Professor Zech aus Hannover wurde etwa ein Comic auf der Grundlage von Asterix und Obelix entwickelt, der witzig und verschmitzt zeigt, wie unterschiedlich die Kulturen von zwei Dörfern, ihren Häuptlingen und dem Volk sind und was passiert, wenn die Grünen, die Bpliter, das Dorf der Araliter stürmen und übernehmen.

Witz und Humor braucht es in einer solch anstrengenden Phase, schließlich kann man sich nicht nur auf die Zusammenführung der Mitarbeiter und Prozesse konzentrieren; das normale Tagesgeschäft muss weiterlaufen.

Ein Integrationsprozess funktioniert nicht ohne Maßgaben, Richtlinien und Vorgaben, schließlich handelt es sich nicht um eine Fusion mit zwei gleichberechtigten Partnern, sondern um eine Unternehmensübernahme. So war im Fall von Aral und BP die zukünftige Geschäftsstruktur als Rahmen klar und gegeben. Die Struktur der Geschäftseinheiten von BP ist international einheitlich gestaltet.

Aber auch hier hängt es davon ab, wie man dabei vorgeht, wenn man Hierarchieebenen und Verantwortlichkeiten verändert. „Wir sind hier nicht aufgetreten wie ein typischer Käufer, nach dem Motto: Wir haben euch gekauft und bestimmen, wo es langgeht!" Paritätische Besetzungen von Führungspositionen in der Integrationsphase haben dazu sicherlich ebenso beigetragen wie weitere Besonderheiten der Übernahme: Schließlich musste die Aral-Zentrale nicht von Bochum nach Hamburg an den Sitz der Deutschen BP umziehen, sondern umgekehrt: Die Mitarbeiter der Deutschen BP kamen zum größten Teil nach Bochum. Und die Größenverhältnisse verblüffen: Auf einen ehemaligen BP-Mitarbeiter kamen vier Mitarbeiter von Aral. Doch nun schafft man hier gemeinsam etwas Neues: Das Architekturbüro Bothe, Richter, Therani baut gerade ein neues Gebäude für die Unternehmenszentrale.

Integrieren heißt orientieren

Gewisse Dinge brauchen Zeit, um zu verschmelzen – so auch die Kulturen beider Unternehmen. Die Unternehmensgrundwerte von BP gehören zu den zentralen Bausteinen, die den Orientierungsrahmen für den Integrationsprozess vorgaben und prägten.

„Performance ist ein zentraler BP-Wert, den wir hier nun implementiert haben", so Dr. Studt. Leistungsorientierung ist mehr ein Unternehmens-, denn Markenwert: Die Umsetzung betrifft nicht nur die Organisationsform, die leistungsorientiert zu gestalten ist, sondern auch Planungs- und Berichterstattungsformen. „Wir leben schließlich in einem immer härter umkämpften und instabilen Kraftstoffmarkt."

„Wichtig ist für das Unternehmen BP auch ein starkes Sicherheitsdenken. Das liegt sicherlich an der Unternehmensgeschichte. BP kommt aus dem Bereich der Mineralölförderung, dem Upstream, verbunden mit vielen Risiken. Und wenn Sie einmal gesehen haben, wie eine Raffinerie brennt, egal wo, dann vergisst man das sein Leben lang nicht." Derartige unternehmerische Grundhaltungen prägen dann aber auch die Gestaltung des Tankstellengeschäfts, denn auch hier muss Sicherheit gelebt

„Wandel kann nur dann erfolgreich gemeistert werden, wenn gesicherte Grundwerte unverändert bleiben – und zwar Grundwerte, die die Basis bilden für jede Entscheidung, die jeder Einzelne tagtäglich trifft. Unsere Grundwerte finden in unserer Marke ihren Ausdruck."

„Leistungsorientiert, innovativ, fortschrittlich und grün – diese Eigenschaften gehören zu unseren Grundsätzen. In allem, was wir tun und sagen, wollen wir nach diesen Grundwerten der Marke leben."

werden. Nicht nur bei der Umrüstung der BP-Stationen auf die Marke Aral, sondern auch im alltäglichen Betrieb. „Das sind dann manchmal ganz einfache Dinge: Wo werden Öfen im Bistro angebracht? Welche Handschuhe sind zu tragen, um sich nicht zu verbrennen? Einfache Dinge, die Sie aber entdecken können, wenn Sie mit einer ‚Sicherheitsbrille' Ihr Geschäft betrachten."

Integrieren heißt umdenken

Die Entscheidung für die Marke Aral erfolgte nicht nur aus Kostengründen; freilich ist es kostengünstiger, circa 600 BP-Stationen als etwa 2 500 Aral-Tankstellen auf eine andere Marke umzurüsten. Aber Aral war in Deutschland auch die bekanntere und stärkere Marke. „Deshalb haben wir diese auch gekauft", meint Dr. Studt, „und, das ist das Entscheidende, diese Marke passt zu unseren Unternehmenswerten."

Der Integrationsprozess brachte nicht nur ein Umdenken und eine Neuorientierung des Unternehmens Aral mit sich, auch die ehemaligen BP-Mitarbeiter müssen umdenken. Sie agieren nun im Tankstellengeschäft mit einer Marke Aral, und zwar in der Zentrale wie auch auf jeder ehemaligen BP-Station, die nun zu Aral-Tankstellen umgerüstet wurden. Hier zeigt sich, dass auch die Pächter und Mitarbeiter von Tankstellen umdenken müssen. Wie diese mit den neuen Gegebenheiten – nun Aral-Tankstellen in einen BP-Konzern zu führen – umgehen, wird an anderer Stelle dieses Buches geschildert (siehe Beiträge: „Mein Stück BP." In der Marke zu Hause. und „Me and my green T-Shirt...").

Für ehemalige BP-Mitarbeiter im Außendienst, Vertrieb und Marketing eröffnet sich mit der Marke auch ein neuer Handlungsspielraum. BP hatte deutlich weniger Tankstellen, das kleinere Tankstellennetz und weniger Marktanteil. Nun ergeben sich größere Möglichkeiten, das Tankstellengeschäft zu gestalten und zu optimieren. „Das Spannende darin ist, dass das enorme Potenziale bei den Mitarbeitern freisetzt." Ein Beispiel ist der Tankstellenshop, dessen Sortiment im Zuge der Integration optimiert wurde. In einem Testmarkt haben ehemalige BP- und Aral-Mitarbeiter gemeinsam die Regale ausgeräumt, umgestaltet und wieder neu bestückt: nach vier Wochen waren Umsatzzuwächse klar erkennbar. „Sie geben also den Leuten etwas an die Hand, sie haben ein gemeinsames Ziel, und sie können das gemeinsam erleben, das prägt."

Integrieren heißt lernen

Auch die ehemaligen Aral-Mitarbeiter müssen sich in ihre neue Rolle einfinden. Schließlich ist man nun Teil des BP-Konzerns. Statt als eigenständiges Unternehmen selbstständig zu entscheiden, ist man als Landestochter eines globalen, britischen und aus der Londoner Zentrale heraus agierenden Unternehmens an neue Weisungen gebunden. BP hat zwar schon in der Vergangenheit einige Unternehmen übernommen und in den Konzern integriert. „Doch im Vergleich zu den Übernahmen von Arco oder Castrol ist Aral eine andere gewesen. Hier wurde der nationale Marktführer übernommen, der aufgrund seiner Größe nun im BP-Konzern fast die größte Einheit im internationalen Tankstellengeschäft bildet." Auch damit muss man lernen umzugehen.

Denn hier treffen wieder unterschiedliche Kulturen, die verschiedenen Landeskulturen, aufeinander. Dies beginnt mit den klassischen Stereotypen auf beiden Seiten, aber beinhaltet auch ganz pragmatische Aspekte der Kommunikation. Die Vorgabe der Zentrale lautet: „English First". Eine Sprache, die nicht nur beherrscht sein will, sondern in der auch kommuniziert werden muss – im Zweifels- oder Diskussionsfall macht dies durchaus einen Unterschied.

„Wir haben viel bewegt in den letzten zwei Jahren. Aber die Dinge brauchen sicherlich noch einmal zwei bis drei Jahre, bis sie richtig zusammengewachsen sind", resümiert Dr. Studt.

01.07.2002

BP übernimmt die restlichen 49 Prozent an der Veba Oel und wird damit alleiniger Aktionär. Die Europäische Kommission genehmigt die Übernahme der Veba Oel durch BP abschließend. Der Kaufpreis beträgt 3,3 Milliarden Euro.

20.09.2002

Veba Oel hört offiziell auf zu existieren.

01.10.2002

Die neuen rechtlichen Strukturen für die BP Oil Marketing (BP OM) und BP Lubes werden geschaffen und die neuen Gesellschaften mit Personal ausgestattet.

28.02.2003

Die polnische Gesellschaft PKN Orlen übernimmt 494 Tankstellen.

April 2003

Mit der Unterzeichnung des Interessenausgleiches für die BP Lubes und BP OM ist die organisatorische Integration weitgehend abgeschlossen.

01.07.2003

Die österreichische Mineraölgesellschaft OMV übernimmt 247 Tankstellen in Deutschland, einen Anteil von 45 Prozent an der Raffinerie Bayernoil sowie weitere Tankstellen in Ungarn und der Slowakei. BP hat somit alle Auflagen des Bundeskartellamtes erfüllt.

14.06.2004

Offizieller Abschluss der so genannten Rebranding-Arbeiten, d.h. der Umrüstung der Tankstellen in Deutschland von grün (BP) auf blau (Aral).

Logik und Logistik des Rebranding-Prozesses

Nachdem die strategische Entscheidung gefallen war, im deutschen Markt zukünftig die Marke Aral als alleinige Tankstellenmarke zu führen, begann das Projekt „Rebranding", das Umrüsten der BP-Tankstellen auf die Marke Aral.

Joachim König im Gespräch mit Franz Liebl und Claudia Mennicken

Das Projekt im Überblick

Ein Projekt, das auf den ersten Blick recht unschuldig daherkommt: Montiere all das ab, was grün-gelb ist, und ersetze es durch blau-weiß. Doch der Teufel steckt im Detail: Denn Tankstelle ist nicht gleich Tankstelle. Jeder der 650 Standorte hat seine Besonderheiten, mal klein, mal groß, mal mit Bistro, mal ohne Waschstraße usw. Zudem ist die strategische Tragweite enorm, weil nicht nur irgendwo ein Logo abmontiert, sondern der ganze Markenauftritt verändert und auch das dahinterstehende Geschäftssystem angepasst werden muss. Schließlich soll der Kunde danach die Marke Aral im wahren Sinne des Wortes „erleben" können. Insofern verwundert es nicht, dass man ein solches Projekt nicht in fremde Hände legt, sondern selber managt und steuert. Franz Liebl und Claudia Mennicken sprachen mit Joachim König, der von Beginn an als Projektverantwortlicher dabei war, über seine Erfahrungen.

Der Projektplan sah folgende Phasen vor:

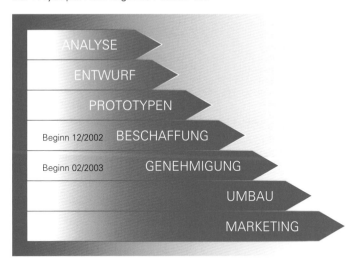

Die Analyse: Welche Tankstellen rüsten wir um?

Was auf den ersten Blick wie ein unschuldiger Projektplan erscheint, erwies sich schon von Beginn an als komplexes Unterfangen. „Der erste Schritt, den man macht, das klingt wahrscheinlich lapidar, man fragt sich erst einmal: Wie viele Tankstellen habe ich, die ich rebranden muss?", stellt Joachim König fest. Denn zu den Genehmigungsauflagen des Bundeskartellamts gehörte, einen Teil des Tankstellennetzes an Wettbewerber zu verkaufen, um eine marktbeherrschende Stellung von BP/Aral zu verhindern. BP nahm diese Situation auch zum Anlass, darüber zu entscheiden, welche unrentablen Aral- und BP-Tankstellen vom Markt genommen werden sollen. „Wir mussten also von vornherein Wechselwirkungen zwischen zwei Projekten koordinieren, dem eigentlichen Rebranding-Projekt und dem Divestment-Projekt, also der Abgabe von Tankstellen an den Wettbewerb. Wir mussten auf der einen Seite Pakete von Stationen definieren, die wir abgeben werden, und auf der anderen Seite die Stationen, die rebrandet, also umgeflaggt, werden sollen." Die Situation wurde dann einfacher, als das Tankstellen-Paket im nördlichen Teil Deutschlands zum Verkauf an den polnischen Wettbewerber PKN Orlen feststand. Das Tankstellen-Paket im südlichen Deutschland wurde dann etwas später an die österreichische Firma OMV verkauft.

Nun stand die äußerst wichtige strategische Entscheidung zur grundsätzlichen Vorgehensweise bei Umbau an. Hier gab es mehrere strategische Optionen: Zum Beispiel die, dass nach einer umfassenden Standardisierung alle umgebauten Stationen absolut gleich ausgesehen hätten. (Marken-)Strategisch sicherlich sehr reizvoll, aber nicht unbedingt finanzierbar. Deshalb entschied sich das Unternehmen, alle BP-Stationen in drei Typen einzuteilen, für die jeweils eine Design-Option entwickelt wurde: „Einen Typ A, also das Top-Segment, zumeist große Stationen mit einer sehr guten Lage und einem sehr guten Umsatz, die strategischen ‚Stayer'; einen Typ B, das mittlere Segment von Stationen mit langfristiger Perspektive, und einen Typ C, ein Segment von kleinen Stationen, die auch oft winklig sind."

Wie viele Tankstellen wurden umgerüstet?
200 Stationen von Typ A „Top-Segment"
300 Stationen vom Typ B „Mittleres Segment"
150 Stationen vom Typ C „Kleines Segment"

Das Design: Wie sollen die BP-Tankstellen unter der Marke Aral aussehen?

Für jede dieser drei Tankstellentypen wurde dann ein Design entworfen, das anstelle des „Grün-Gelbs" nun „Blau-Weiß" setzt, eine „hochinteressante Phase", erklärt Herr König. Diese führte nicht zu einer bloßen Anpassung an den herkömmlichen Markenauftritt von Aral, sondern führte auch zu einer intensiven Auseinandersetzung mit der Markenhistorie, die ihren Ausdruck in den typischen und aus Kundensicht (weithin) sichtbaren Designelementen gefunden hat. Zu diesen Designelementen zählen insbesondere:

- das Markenzeichen,
- das Display von Benzinpreisen und anderen Angeboten an einer Tankstelle sowie
- die Gestaltung des Tankbereichs, inklusive Überdachung.

Hier hatten beide Marken in der Vergangenheit ganz unterschiedliche Marken- und Design-Auftritte entwickelt.

Aber: In beiden Tankstellennetzen waren unterschiedliche Design-Standards auch ganz unterschiedlich umgesetzt worden. So hatte BP die Dachblende in der runden Form der so genannten „Bullnose" gestaltet, dieses Element aber nicht an kleinen Stationen angebracht. Und bei Aral ist beim Dach eine Verblendung in Zickzack-Form Standard, die so genannte „Sigma-Blende"; aber auch diese findet sich nur an großen Aral-Tankstellen. Ähnlich verschieden sind bei Aral das Markenzeichen und das Display positioniert. Bei ihren Top-Stationen hat Aral einen freistehenden Mast mit einem Aral-Diamanten. Das „Transparent", auf dem die Kraftstoffpreise sowie die sonstigen Angebote der Tankstelle wie Shop, Autowäsche oder Bistro angeschlagen sind, ist ebenfalls freistehend. So die Theorie, dennoch sind auch nicht alle Aral-Tankstellen gleich: Es gibt etwa die Kombination, dass das „Transparent" mit Kraftstoffpreisen am Mast unterhalb des Markenzeichens von Aral angebracht ist und dann ein zusätzliches, freistehendes „Aktivitätentransparent" die weiteren Angebote in Shop, Bistro usw. für die Kunden beschreibt.

Die Zielsetzung war nun, die Aral-Designelemente an den BP-Stationen der Top-Kategorie so umzubauen, dass überhaupt kein Unterschied zwischen einer ehemaligen BP-Station und einer Aral-Tankstelle zu erkennen ist. Ein Selbsttest mag dies zeigen (oder auch nicht): An BP-Stationen aus dem mittleren Segment hat man nach kosten-

günstigeren Lösungen gesucht. Doch hier spielte auch die Frage nach der eigenen, der BP-Markenhistorie eine Rolle: „Warum sollen wir eigentlich verleugnen, dass es sich um ehemalige BP-Stationen handelt?" Deshalb entschied man sich, bei diesem B-Typ von Tankstellen die Dachblende, die „Bullnose", beizubehalten und nur blau anzustreichen. Übrigens: Schon die Tankstellenmarke Gulf hatte früher eine blaue „Bullnose"; insofern mag es nicht verwundern, dass diese Dachform auch in Blau gut wirkt.

Zudem hatte BP ein Display entwickelt, die so genannte „Gantry" oder „Main Identification", die alles Wichtige zum Angebot an einer Tankstelle, also das Markenzeichen, die Kraftstoffpreise und die weiteren Tankstellenangebote, zeigt. Und auf dieses Element war man im Unternehmen so stolz, dass man es auf Aral umformte. Anstelle des BP-Logos kam entweder das Aral-Symbol für den Shop, das „C-Store"-Emblem, oder für das Bistro ein „Petit Bistro"-Zeichen. Das Bistro-Konzept hatte man übrigens aus der BP-Welt beibehalten; die Aral-Bistro-Marke „pananino" ging vom Markt, den sie vorher auch schon nicht durchdrungen hatte. Für das Aral-Markenzeichen wurde an den BP-Stationen ein Mast errichtet. Dadurch erhielt man Elemente der eigenen Markenhistorie von BP und konnte gleichermaßen bei Kosten und Genehmigungsaufwand „zwei Fliegen mit einer Klappe schlagen".

Doch an einigen Stationen der B-Kategorie durfte kein zusätzlicher Mast errichtet werden. Dann wurde – wie überall an Stationen der C-Kategorie – das BP-Logo an der „Gantry" durch den Aral-Diamanten ersetzt. Hier muss man aus Designersicht allerdings die Frage stellen, ob ein blauer Diamant auf einer weißen Fläche genauso wirkt wie ein freischwebender Diamant – besonders nachts. Ansonsten bekamen die C-Stationen nur einen Farbwechsel bei ihrer flachen Dach-Verblendung und gleichzeitig wurden „hellere Beleuchtungskonzepte an den C-Stationen realisiert, um ihren Auftritt ansprechender zu gestalten", berichtet Herr König.

Es gab auch strategische Design-Entscheidungen, die weniger diffizil waren, weil sie an allen drei Stationstypen einfach umgesetzt werden konnten. Etwa die Verwendung der Farbe Weiß; denn schließlich kennzeichnet sich die Marke Aral nicht nur durch ein typisches Blau, sondern durch dessen Kombination mit Weiß. Dies bedeutete, alle Gebäude, die unter BP grau, silbern oder teilweise auch gelb waren, weiß zu streichen.

Der Test: Wie wirken BP-Stationen im Aral-Design?

Die Design-Entwürfe wurden vor dem Start des deutschlandweiten Umbaus nicht nur per Computeranimation entwickelt, sondern auch mit realen Prototypen getestet. „Der Sinn der Prototypen war, alle möglichen Umsetzungen der Designideen auszuprobieren und dann zu entscheiden: Wie gut sieht das aus? Was können wir davon wirklich einsetzen?" Verschiedene Materialien waren in Bezug auf ihre Qualität bei Verarbeitung und Haltbarkeit sowie ihre Anmutungsqualität zu testen. So standen für den Umbau des Tankstellendachs eine Metallverkleidung, ein Überkleben mit Folie oder ein reines Umstreichen als Alternativen zur Auswahl. „Diese Optionen haben wir uns in der Praxis angeschaut und dabei festgestellt, dass sich gute Folienarbeiten in drei Meter Höhe mit Wind nicht durchführen lassen. Bei der Farbe hingegen konnte ein Maler das so gut streichen, dass man vom Boden aus keinen Unterschied zu einer Aral-Tankstelle erkennt."

Auch bei den Zapfsäulen wurden die Alternativen „Farbe" versus „Folie" getestet. Hier setzte sich die Folie durch. „Denn die Zapfsäule ist, wenn man so will, ähnlich einem Verkaufstresen, an dem die Leute auch schon einmal zwei Minuten beim Tanken stehen und dann auch Zeit haben, sich genau umzuschauen. Da konnte man dann schon bei überstrichenen Zapfsäulen die eine oder andere Unebenheit ausmachen. Deshalb haben wir uns hier für Folie entschieden. Wir mussten dann noch ‚die' Folie in Tests finden, die in Farbe, Qualität, Belastbarkeit und Witterungsbeständigkeit am besten war, schließlich möchte man ja den neuen Eindruck möglichst lange erhalten."

Ein wichtiger Erkenntnisgewinn aus den Tests mit Design-Umbau-Prototypen konnte für die Gestaltung des Beleuchtungskonzepts gezogen werden. Denn für die Anmutung einer ehemaligen BP-Station als Aral-Tankstelle ist nicht nur der Eindruck der Markenfarben Blau-Weiß am Tag bedeutsam, sondern auch die Marken- und Farbwirkung bei Nacht. „Die Tankstellenbeleuchtung von außen ist ein wichtiger Faktor. Auf der einen Seite muss das Lichtkonzept so gestaltet werden, dass sich Kunden dort wohl fühlen. Auf der anderen Seite ist es aber auch ein enormer Kostenfaktor, bei den Anschaffungskosten, aber auch bei den Betriebskosten."

Hier brachten die Prototypen auch neue Einsichten zur Lichtwirkung bei einzelnen Elementen: „Es zeigte sich bei unseren Car Wash-Gebäuden, dass eine indirekte Beleuchtung von innen, die durch die große Glasscheibe nach außen strahlt, viel wärmer anmutet, als wenn die Neonröhren an der Außenwand angebracht werden."

„Die Tankstellen-
beleuchtung von außen
ist ein wichtiger Faktor.
Auf der einen Seite
muss das Lichtkonzept
so gestaltet werden,
dass sich Kunden dort
wohl fühlen. Auf der
anderen Seite ist es
aber auch ein enormer
Kostenfaktor, bei den
Anschaffungskosten,
aber auch bei den
Betriebskosten."

Auch im Eingangsbereich zum Shop, der bei Nacht mit Beleuchtung hell und attraktiv sein soll, zeigte sich die bessere Wirkung bei Lichtboxen, die den Schriftzug „Aral C-Store" von hinten und damit indirekt beleuchten.

Am Ende der Designphase stand ein Design-Handbuch, in dem alle geplanten Veränderungen festgehalten wurden. Dabei dokumentiert dieses Handbuch nicht nur die neuen Aral-spezifischen Designs an ehemaligen BP-Stationen, sondern auch die Vielfalt des historisch gewachsenen Netzes: „Denn wir haben etwa sieben verschiedene Tankstellensäulen im Netz und für jeden Typ müssen Sie da genau definieren, wie der nachher aussehen soll. Man muss detailliert festlegen, welchen Höhen- und Seitenabstand das Aral-Logo auf einer Zapfsäule haben soll. Da müssen Sie sehr, sehr viele Dinge bis ins kleinste Detail festlegen", fasst Joachim König die Komplexität der Aufgaben zusammen.

Die Genehmigung: Was darf ich wann wo bauen?

In dieser Phase zeigte sich, dass aus einem großen Umbauprojekt plötzlich 650 Projekte werden; nämlich genau so viele, wie Tankstellen umgerüstet werden mussen. Zum einen ist jede Tankstellenumrüstung standortspezifisch, weil unterschiedliche Dinge umgebaut werden sollen, zum anderen, weil die Genehmigungen für den Umbau bei der jeweiligen lokalen Behörde beantragt werden mussten. Und hier kam ein Zeitfaktor zum Tragen, den man aus Unternehmenssicht nicht beeinflussen oder steuern konnte. Das Resultat: Auch nach acht Monaten lagen noch nicht alle Genehmigungen zum Umbau vor.

Dennoch konnte das Unternehmen hier von seinen standardisierten Designentwürfen profitieren, da das Dokumentationsmaterial für die Genehmigung quasi nach dem „Baukastenprinzip" zügig zusammengestellt werden konnte. Um allen Eventualitäten aus dem Weg zu gehen, wählte man schließlich die Variante: Lieber sicherheitshalber mehr Umbaumaßnahmen zu beantragen, als man plant durchzuführen, um bei etwaigen Änderungen oder Problemen vor Ort nicht unbedingt noch einmal eine Genehmigung beantragen zu müssen.

ten werden. Wir haben hierüber zwei Hauptlieferanten bestimmt. Ein Hauptlieferant kam aus Deutschland, der zweite aus der Türkei. Einer hatte schon Erfahrungen mit dem Bau von BP-Stationen gesammelt. Für die diversen Spezialprodukte kamen dazu noch einige Nebenlieferanten."

Zudem stand für diese Phase die strategisch wichtige Entscheidung an: Wollen wir als BP selber dieses Bauprojekt durchführen oder wollen wir das Projektmanagement an ein Unternehmen übergeben? Die Entscheidung fiel zugunsten der Beauftragung einer Projektmanagement-Gesellschaft. Denn nur für dieses eine Großprojekt hätte man unternehmensseitig Ressourcen und Mitarbeiter aufbauen müssen, die nach dem Umbau nicht mehr sinnvoll verwendet werden können. „Dieses Projektunternehmen übernahm dann auch im Rahmen des Vertrags die Beauftragung der einzelnen Gewerke, die für die Umrüstung benötigt wurden, also Maler, Installateure und so weiter."

Die Beschaffung: Wer liefert was?

Nachdem die Designrichtlinien für die verschiedenen Tankstellentypen entwickelt waren, galt es, für jede einzelne Tankstelle im Detail aufzunehmen, „wo welche Design-Elemente mit welchen Materialien umgebaut werden sollen. Da begann die Feinabstimmung, bei der jede Station quasi vermessen und kartographiert wurde, also mit genauen Angaben zur Läge der Dachblenden, Anzahl der Zapfsäulen und so weiter. Aus dieser Detailplanung ergibt sich dann stationsgenau der Bedarf an Materialien, zum Beispiel 42 Meter Dachblende und x Liter Farbe." Hierzu waren Teams unterwegs, die alle bauspezifischen Details aufnahmen, vermaßen, dokumentierten und photographierten.

Allein schon die Beschaffung der für den Umbau benötigten Materialien bildete ein komplexes Projekt. Es mussten exakt Materialqualitäten in Bezug auf Haltbarkeit, Belastbarkeit, Farbanmutung etc. definiert werden. Dann begann die Auswahl der Lieferanten: „Für die größeren Bauteile wurde eine Internet-Ausschreibung, als ,Reverse Auction', durchgeführt, die gute Ergebnisse brachte. Diese umgekehrte Auktion läuft so, dass nicht Maximal-, sondern Minimalpreise gebo-

TANKSTELLEN-UMFLAGGUNGEN, ARBEITSTAGE PRO WOCHE

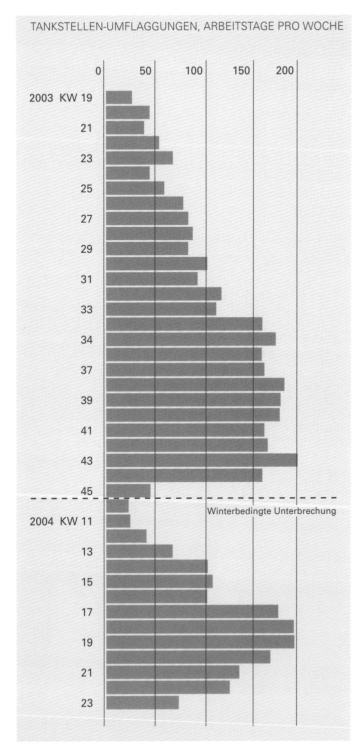

Winterbedingte Unterbrechung

Der Umbau: Wie werden aus BP-Stationen Aral-Tankstellen?

Nun konnte der Umbau von BP-Stationen zu Aral-Tankstellen beginnen. Pro Tankstelle wurden die Materialien bei den Haupt- und Nebenlieferanten abgerufen; ein Volumen, das mit etwa 3 250 individuellen Bestellvorgängen für die verschiedenen Bereiche, Dachblenden, Displays, Folien etc., verbunden war.

Besonders stolz ist man von Unternehmensseite darauf, dass sich während des gesamten Projektes kein einziger Arbeitsunfall ereignete. Ein Umstand, der nicht von ungefähr oder durch reines Glück zustande kam. BP hat aufgrund seiner Historie als Mineralölförderer schon immer viel Wert auf Sicherheit, besonders Arbeitssicherheit, gelegt.

Was bewegt eigentlich so ein Projekt? 30 bis 35 Tankstellen wurden in Spitzenzeiten pro Woche umgebaut pro Woche waren 800 Handwerker mit 30 Lkws und 500 Kleintransportern unterwegs, die Handwerker haben dabei eine Strecke zurückgelegt, die 3,5-mal um den Äquator reicht, über zehn Kilometer Blenden wurden an Tankstellen mit neuer Folie überklebt, über 100 Kilometer Preisfolien wurden geklebt

Aus dieser Grundhaltung heraus war „HSSE" ein wichtiges Thema bei der Vorbereitung und während des Umbaus der Tankstellen: „Wir haben Sicherheitstrainingspläne für den Umbau erarbeitet. Diese Trainings mussten alle Bauarbeiter unserer Partnerunternehmen durchführen. Und wir haben auch neue Wege und Anreize für ein sicheres und qualitativ hochwertiges Arbeiten entwickelt, ein so genanntes ‚Incentive Scheme', das jeder Vertragspartner unterschreiben musste. Da wurde jede Woche ein ‚Unternehmen der Woche' gewählt, also ein Unternehmen, das in der Woche besonders positiv in seiner Arbeit und Beachtung der Sicherheitsrichtlinien aufgefallen war. Und im gegenteiligen Fall musste ein Kontraktor einen gewissen Betrag an eine gemeinnützige Organisation entrichten."

Das Marketing: Wie kommt das Umrüsten bei Tankstellenpartnern und -kunden an?

Doch welche Tankstelle baut man zuerst um? Immer die, wo man gerade eine Genehmigung bekommen hat? Dies ist aus Sicht der Logistik wenig sinnvoll, bedeutet dies doch keinen optimalen Einsatz der Ressourcen, zahlreiche Projektmanager, Handwerker und Bauarbeiter über Monate hinweg quer durch Deutschland zu schicken. „Hier fiel schon viel früher die strategische Entscheidung, bestimmte geographische Regionen zusammenzufassen und den Umbau aller BP-Tankstellen einer Region in einem möglichst komprimierten Zeitraum durchzuführen. So konnten auch viel besser lokale Presse-, Werbe- und Marketingaktionen abgestimmt und durchgeführt werden. Hierzu wurde aus dem Marketing ein Konzept entwickelt unter dem Motto ‚Aral kommt, BP bleibt'."

Mit diesem Motto wurden nicht nur die Kunden von BP-Stationen vor Ort auf den Markenwechsel aufmerksam gemacht; unter diesem standen auch die Aktionen, die die Pächter auf den Wandel vorbereiteten. Pächtermeetings und -workshops, aber auch der Besuch von BP-Stationen, die schon auf die Marke Aral umgerüstet wurden, standen hier auf dem Aktionsprogramm. „Insofern nahmen alle am Umrüstungsprozess teil. Das war sehr gut. Das war ein wirkliches Integrationsprojekt."

Wo bleibt BP?

Parallel zum Umrüsten der Tankstellen lief das Projekt „Soft Endorsement", in dem geplant und entwickelt wurde, wie „BP in Aral vorkommt". Hierzu wurde aufgrund von strategischen Überlegungen und Tests bei Kunden der Slogan ausgewählt „Aral – Ein Unternehmen der BP Group", welcher nun in Verbindung mit dem neuen BP-Logo, dem so genannten Helios an allen Aral-Tankstellendisplays steht.

Aral kommt, BP bleibt.

Lessons learned

Alles ließ sich nicht so durchführen wie geplant, denn wie der Winter wird, weiß man nicht im Vorhinein. „Bei Temperaturen unter 7 Grad lässt sich einfach keine Folie mehr verkleben, wenn diese denn halten soll. Und bei Wind, Eis und Schnee laufen Sie immer Gefahr, dass sich Unfälle auf den Baustellen ereignen."

Viel gelernt hat man für die Beschaffungsstrategien, denn viele Lieferanten hatten zwar vorher Erfahrungen beim Bau und Umbau von BP-Stationen, nicht aber in Bezug auf das Aral-Design. Hier zeigte sich, dass sich mit der Marke auch das Anforderungsprofil an Lieferanten verändern muss. „Denn Aral ist ein anderes Design, aus dem sich andere Anforderungen an Produktion und Qualität von Materialien ergeben. Für zukünftige Beschaffungen sind also mehr Fragen an die Lieferanten zu stellen."

Lernen konnte das Unternehmen auch aus den Erfahrungen des Umrüstens von Aral-Tankstellen auf BP-Stationen in Österreich und Polen. „Wir haben unsere ‚Best Practices' ausgetauscht und haben dabei auch gelernt, dass man mit Folien erstaunlich gute dreidimensionale Wirkungen erzielen kann."

Viel gelernt hat man auch aus den Kundenreaktionen (siehe Beitrag „Blau war die doch schon immer."). Pächter berichteten: Wir sehen viele alte, aber auch viele neue Gesichter. „Denn BP-Kunden sind stärker mir ‚ihrer' Station verbunden, und das Personal ist an den BP-Stationen meistens dasselbe geblieben. Das war so gewollt. Aral-Kunden sind dagegen mehr mit ‚ihrer' Marke verbunden. Insofern passt das von und für die Kunden gut zusammen."

Nach dem gefragt, was man aus einem solchen Projekt als Unternehmen und auch persönlich als prägende Erfahrungen mitnimmt, sagt Joachim König aus Überzeugung: „Die ‚Key Success Factors' sind Planung und Disziplin. Ohne Planung und ohne Disziplin in der Umsetzung können Sie Projekte in einer solchen Größenordnung nicht stemmen."

„Mein Stück BP."
In der Marke zu Hause

Markengeschichte findet meistens in Büchern statt. Auf Websites. Oder in den Köpfen derer, die Markengeschichte mit geschrieben haben. Nur selten sind es die „big names" eines Konzerns, die das Werden und Wirken einer Marke lebendig halten – gehört der mittelfristige Wechsel zu den goldenen Regeln der gehobenen Managementposition. Viel eher entstehen tragende Sedimente der Markengeschichte in den Erinnerungen und Erlebnissen der Mitarbeiter. In ihrer Affinität zur Marke, ihrer oft unbewussten, oft aber auch aktiv gehaltenen Treue halten sie eben jene Werte am Leben, die den Kern der Marke ausmachen, auch und gerade an der Tankstelle, dort also, wo der Konzern dem Kunden gegenüber ein „Gesicht" gewinnt.

Ursula und Claus Wenke im Gespräch mit Bettina Lehmann

Impressionen aus der
„grünen Heimat"

Ehepaar Wenke betreibt eine Tankstelle in Wettenberg bei Gießen
– bis vor einem Jahr noch eine Lebenswelt in Grün und im BP-Design.
Der Handwerker-Trupp hat ihnen eine neue Philosophie „aufgebaut":
Aral kommt. Wo bleibt BP? Im Kopf, ja, im Bauch – und sicher auch
im Herzen. Ursula Wenke ist die Pächterin, Ehemann Claus einer ihrer
Mitarbeiter. Seit 24 Jahren hält Claus Wenke der grünen Marke die
Treue. Ein engagierter Hüter der Markentradition, kein Zweifel. Seine
Frau Ursula ist es nicht minder. Im Laufe ihrer Berufstätigkeit haben
sie häufiger den Standort gewechselt und dabei viele Kilometer zurückgelegt. Frankfurt – Offenbach – Gießen... Stationen eines beweg-
ten Lebens. Seit 2002 kümmern sich die beiden nun in Wettenberg
um „Sprit, Snacks und Service". Erneut das gewohnte Umfeld und
die Stammkunden zurückzulassen, das ist kein leichter Schritt – zumal, wenn es wie in diesem Fall einer nicht zu beeinflussenden Entscheidung auf höchster Ebene zu verdanken ist. Eher zufällig haben
Ursula und Claus Wenke von der Fusion und den damit verbundenen
Neuerungen erfahren. Was aus strategischen Erwägungen von oben
entschieden wird und sinnvoll erscheinen mag, ist für ihn eine scharfe
Zäsur in der persönlichen Lebensplanung. Claus Wenke erinnert sich:
„Generell erfahren haben wir es über die Medien. Ich hab's mit Er-
schrecken übers Radio gehört und dann mit noch größerem Erschre-
cken über die Zeitung erfahren. Weil mir dann klar war, dass die Station, auf der ich vorher war, verschwindet. Da war klar, dass ich die
nicht übernehmen konnte. Da fiel mir erst mal das Herz in die Hose.
Da war alles vorbei... Aus dem Grund, dass die Station weggefallen
ist. Dann haben wir uns ganz offiziell beworben und haben dann die
hier bekommen."

Grün war die Farbe seines (Arbeits)lebens. Grün hat ihn begleitet, von frühmorgens bis in die Nacht. Die Woche über, am Wochenende oder in der Zeit, in der andere Menschen den Erholungsurlaub planen. Grün ist die Farbe, die im Hause der Wenkes dominiert. Das Ehepaar hat sich „sein Stück BP" ins Wohnzimmer geholt. Tassen und Stifte, Rucksack und Werbeplakate, Schlüsselanhänger und ein Sammelsurium mehr oder minder geschmackvoller Werbegeschenke hat Claus Wenke aus Liebe zur Marke über die Jahre gesammelt. Es grünt so grun, wenn man mit und in der Marke BP lebt... Das Prunkstück der Sammlung: ein gewaltiges Leuchtschild, das er zusammen mit Freund und Mitarbeiter Nils Bednorz vor Abschluss der Umrüstung eigenhändig von der Tankstelle zu sich nach Hause getragen hat. Ein schwerer Gang, im doppelten Wortsinn. Nun steht es draußen, auf der Terrasse. Und abends leuchtet es, ein grünes Markenzeichen in der Nacht.

So ist es dann auch vor allem die Farbe, deren Verlust das Pächterehepaar Wenke beklagt. Auch Ursula Wenke gewöhnt sich erst langsam an den neuen Look: „Am Anfang war das mit der Umflaggung schon, na ja..., es war vorher so schön grün." Und ihr Mann, sonst einer, der es nicht mit schwärmerischer Romantik, sondern mit gesundem Pragmatismus hält, sinniert: „Das ist schon toll, das Grün von BP und das Grün der Landschaft. Unsere Station steht hier mitten auf der grünen Wiese. Und dazu der Kontrast mit dem gelben Raps... Das ist doch eigentlich unser Logo. Das hat gut gepasst." Es ist ein Gefühl, das nach Rationalisierung verlangt, vor allem dann, wenn die Dinge unabänderlich sind. Draußen sind die Arbeiten zur Umflaggung in vollem Gange...

Und so sieht Claus Wenke den Farbwechsel auch letztlich vor allem unter praktisch-funktionalen Gesichtspunkten: „Der Nachteil des Grüns: Die Kunden haben uns eher übersehen. Wir sind hier in der Wiese fast untergegangen. Das passiert uns mit Blau nicht." Auch Ursula Wenke trennt Gefühl und Geschäft. Sie, die die Station mit Engagement und der nötigen Durchsetzungskraft führt, verspricht sich durchaus ökonomische Vorteile aus der Fusion: „Weil Aral eine deutsche Firma ist, das ist gerade im Spritbereich wichtig. Ich glaube, dass der deutsche Kunde eher zu blau geht als zu grün. Einfach weil Aral eine deutsche Firma ist."

Dennoch: Es schwingt einiges an Zurückhaltung mit bei dieser Sichtweise, auch wenn sich Wenkes spürbar um faires Abwarten und wohlwollende Anerkennung der „fremden" Marke bemühen. Nach den wesentlichen Unterschieden zwischen den Marken BP und Aral befragt, denken beide lange nach. Groß seien sie, die von Aral, und in manchen Dingen „hinten dran gegenüber BP", sagt Ursula Wenke und meint das Bistro, Kassen- und Bürosystem, die Waschstraße. Auch ihr Mann will nichts Falsches sagen über das neue Aral-Kleid. „Ist halt Marktführer" kommentiert er knapp und meint das Qualitätsversprechen, die Kühle, den nun fehlenden Zusammenhalt, den sie spüren. Gerade das haben sie stets so geschätzt bei BP, er und seine Frau. „Was mir fehlen wird, wenn Grün verschwindet? Bestimmt das freundliche Miteinander, gerade mit den höheren Chargen. Da gab's halt vorher ein freundliches Miteinander bei BP. Mehrere Pächtereinladungen..., dass man überhaupt mal eingeladen wird und sich mal zusammensetzt und dann einfach erzählt. Das kennen die bei Aral nicht, das gab es nicht. BP, das ist eben so etwas wie eine Familie, ja, familiärer, das ist es." Seine Frau führt das Gefühlsgefälle auf Größenunterschiede zurück: „Das kann auch damit zusammenhängen, dass BP ja wesentlich kleiner ist als Aral, also vom Marktanteil her, hier in Deutschland." Blau sei eben einfach kühl, ergänzt ihr Mann – schon lange geübt in innerer Distanz zum deutschen Tankstellen-Marktführer.

Kosmetische Änderungen am Markenauftritt sind für ihn an sich nichts Neues: „Ich wusste schon, was beim Umflaggen auf mich zukommt. Für mich ist es ja nicht das erste Mal. BP selbst hat mehrfach das Erscheinungsbild ihrer Tankstellen geändert, und da gab es auch eine komplette Umrüstung."

Überhaupt, das Logo: Ob es schwierig war, mit beiden BP-Logos zu leben, wollen wir wissen. Das alte Markenzeichen sei ein Stück Lebenswelt geworden, heißt es. Doch auch der BP-Helios – deutlich weniger präsent – kommt offenbar auch im relevant set der Markenhüter vor. Ursula Wenke: „Ich muss gestehen, dass ich erst später gemerkt habe, dass bp schon längst kleingeschrieben wird. Ich habe es lange Zeit immer noch großgeschrieben." Es komme eben auf die Botschaft an, erläutert ihr Mann. „Der Helios stand halt für noch mehr Zukunftsorientierung, für noch größer, noch besser, noch freundlicher. Ein Zukunftsprojekt...", kommentiert er und fügt hinzu: „Das neue Logo steht für Miteinander, für verbinden und für weltweit. Und wir sind weltweit doch der Größte."

Umso irritierender empfanden sie die Markenentscheidung nach der Fusion: „Ich habe mir nie vorstellen können, dass BP Aral aufkauft und dass BP dann verschwindet in Deutschland. Das war für mich ein totaler Widerspruch. Ich dachte, Sie würden vielleicht das Helios-Zeichen nehmen, vielleicht in blaugelb ändern, irgend so was, das noch an BP erinnert..."

„ME AND MY GREEN T-SHIRT...."

Nils Bednorz ist einer, den man in der Kneipe treffen könnte, in der Disco vielleicht oder auf dem Sportplatz. Einer der pfiffig und burschikos ist und mit offenen Augen durch die Welt geht. Souverän setzt er seine eigenen Visitenkarten ein – wer weiß, vielleicht wird ja bald ein Geschäftskontakt daraus...

Nils Bednorz im Gespräch mit Bettina Lehmann

Seit vier Jahren arbeitet Nils Bednorz für BP. Die Tankstelle ist ein Stück Lebenswelt, zumal er eine enge Freundschaft mit Pächterehepaar Wenke pflegt. Fast schon ein Stück Familie sind die beiden für ihn geworden: Nils opfert für sie seine Freizeit – wenn es sein muss, sogar den Urlaub. Am Tag des Tankstellenumbaus ist Nils Bednorz vor Ort, an „seiner" Tankstelle. Er gibt sich betont lässig, doch oft wandert sein Blick hinaus, dorthin, wo das Handwerker-Team die grüne zur blauen Tankstelle machen werden. Fast resigniert schaut er dem Treiben zu, die grüne Baseball-Cap tief ins Gesicht gezogen.

Wir lehnen an einem kleinen Stehtisch im „Petit Bistro" und trinken Kaffee. Draußen geht das Rebranding seinen logistisch perfekt durchdachten Gang...

Nach der Fusion von Aral und BP wird diese Tankstelle von grün auf blau umgeflaggt. Ändert sich dadurch etwas für Sie persönlich?

NB: Ich bin jetzt seit vier Jahren auf der Tankstelle und es ist halt... Es ist, als wenn ein Gefühl verloren geht. BP und Aral sind zwar schon immer im Tankverbund, aber wir hatten eigentlich immer die besseren Preise und immer die freundlicheren Kassierer. Und jetzt wird halt alles Aral...

Verbinden Sie mit der Fusion und dem Umrüsten nicht auch positive Erwartungen? Erwarten Sie etwas Neues?

NB: Nein. Ich denke, viel wird dadurch beeinflusst werden, dass BP Aral übernommen hat. Dass da draußen ist bloß der Flaggenwechsel für die Kunden, die internen Strukturen aber werden sicher auf BP ausgerichtet bleiben. Bei uns hinten im Büro ist lediglich die Abrechnung etwas schwieriger und unübersichtlicher geworden. Aber ansonsten...? Großartige Änderungen erwarte ich eigentlich nicht.

Können Sie die Entscheidung nachvollziehen, dass BP die Marke Aral kauft und die Tankstelle trotzdem blau wird?

NB: Jein. Nachvollziehen kann ich es einerseits schon, wenn ich die demografische Struktur Deutschlands betrachte und sage: Der Mensch über 60 tankt Aral, weil er das schon seit 60 Jahren tut, dann verstehe ich das. Aber wenn ich etwas kaufe, um es in meinen Bestand einzugliedern, dann würde ich schon wollen, dass mein Name draufsteht...

Wie fielen denn die Kundenreaktionen hier an der Tankstelle aus, als das Thema „Umflaggen" bekannt wurde?

NB: Die Kundschaft interessiert das nicht wirklich. Was für den Kunden wichtig ist, ist letztlich der Service bzw. der Mitarbeiter, der ihn bedient. Das hat mit der Farbe und der Tankstelle nichts zu tun. Das macht bei Mode-Labels vielleicht Sinn, wenn ich in den Esprit-Shop gehe oder zu Hugo Boss, aber nicht an Tankstellen. Das Auto läuft mit Sprit, das steht nichts drauf auf der Flüssigkeit.

Was bedeutet für Sie BP als Marke?

NB: BP ist für mich mehr, als die meisten wissen. BP hat 100.000 Mitarbeiter weltweit, aber jeder, der BP hört, denkt nur an Tankstellen. Aber BP bedeutet ja eher Energiegewinnung, also auch Solarenergie, Erdölförderung, Analysen... BP ist ein Konzern mit enormer Kaufkraft und einer riesigen Bilanzsumme. Es ist mehr, als die meisten wirklich wissen. Das ist BP für mich. Vielleicht bin ich einfach auch BP-geprägt: Auf meinem Schulweg lag eine BP-Tankstelle, zu der bin ich morgens immer gefahren, zum Tanken und Zigarettenholen. Ich hatte immer das Gefühl, dass ich da besser bedient werde. Ich hatte ja auch den Stammkunden-Status und wurde menschlich ganz anders behandelt. Ich weiß nicht, BP gehört für mich einfach dazu...

Spielt das für Sie auch im Alltag eine Rolle? Haben Sie das Gefühl: Ich bin Teil eines großen Konzerns?

NB: Ich glaube eher, dass man ein Teil dieser Tankstellengemeinschaft ist, aber man ist nicht Teil eines Konzerns. Wenn ich mich als Teil eines so Großen betrachte, reduziere ich mich zu sehr. Ich bin hier Mensch, ich versuche, auch den Kunden menschlich entgegenzukommen. Darüber hinaus bin ich vielleicht Teil des Teams, ich bin mit Wenkes befreundet, ich kenne die Leute hier mittlerweile, da ist ein Gemeinschaftsgefühl da. Aber sich als einer unter 100.000 Leuten zu sehen... Da bin ich der Stecknadelkopf in einem Heuhaufen.

Sind Sie traurig, dass das Grün nun aus Ihrem Arbeitsumfeld verschwindet?

NB: Traurig...? Man steckt zu oft und zu lange unter diesem T-Shirt, man identifiziert sich. Man hat dieses T-Shirt an und man muss es ja auch irgendwie mit Freude tragen. Wenn man hier arbeitet, nur weil man unbedingt das Geld braucht, dann macht das Ganze einfach keine Laune mehr. Da muss man schon mit etwas Freude unter diesem grünen T-Shirt stecken. Und deswegen ist das Umflaggen schon so ein kleiner Wermutstropfen...

Ist es das T-Shirt, was Sie am meisten vermissen werden?

NB: Das, was ich dann am wenigsten waschen werde wahrscheinlich... Es ist das T-Shirt zum einen oder der Pulli, auch mein BP-Schlüsselanhänger, der wird sicher eine Rarität... Ich denke, dass es am Anfang äußerst ungewohnt sein wird, wenn man rausschaut und man sieht blau. Jeden Morgen, wenn man um 6 Uhr dann hier steht und man guckt raus und denkt: Ha, schon wieder an die falsche Tankstelle gelaufen... so etwas wird es in der ersten Zeit werden.

Haben Sie noch weitere Markenartikel von BP zu Hause?

NB: Alles. Ich habe alles – von Kappen über Schlüsselbändchen bis zu T-Shirts, Pullis und alte BP-Jeans. Einen Uhrwecker von BP habe ich und eine Tasche steht auch irgendwo herum...

Das klingt jetzt aber nach sehr viel Markenbewusstsein.

NB: Ja, sicher. Irgendwo schon. Man nimmt dann halt irgendwelchen Kram mit nach Hause und seien es auch komische alte Werbeanzeigen. Ich habe jede Menge Werbematerial zu Hause herumstehen, irgendwelche Stifthalter und BP-Stifte, die habe ich auch.

Haben Sie das irgendwo im Schrank versteckt oder gibt es so eine Art BP-Schrein?

NB: Nein, das sind Alltagsgegenstände und nichts, vor dem ich jeden Abend knie und 15 Minuten bete. Der Wecker weckt mich und dass da BP draufsteht, kommt durch die BP-Website, auf der man im Shop einkaufen kann. Und da haben wir spaßeshalber mal bestellt...

„Wir" – heißt das, Ihre Kollegen sammeln die BP-Artikel auch?

NB: Das „Wir" bezieht sich auf Ehepaar Wenke. Herr Wenke ist jetzt ungefähr 24 Jahre bei der BP, das prägt enorm. 24 Jahre, fast jeden Tag... Da hängen dann eben auch zu Hause jede Menge alter Plakate aus den 70er Jahren herum oder kleine BP-Stationen zum Selbstauf- und -umbauen, Raritäten, die es heute gar nicht mehr gibt. Das ist wie im Museum, einfach herrlich. Wir haben eben den BP-Sammelwahn. Was neu ist, das muss gekauft werden.

Wenn Sie mal versuchen, 4 Jahre BP Revue passieren zu lassen: Was ist die Tankstelle für Sie – Arbeitsplatz, Familie, Treffpunkt...?

NB: Ich fühle mich hier wohl. Ich bin gerne hier, sonst würde ich auch nicht die Urlaubsvertretung machen, denn das heißt für mich 16 Stunden Arbeit am Tag. Ich fühl mich einfach wohl. Herr Wenke und ich haben in Frankfurt miteinander gearbeitet und wir haben innerhalb kurzer Zeit ein bombiges Verhältnis aufgebaut. Wir sind zusammengewachsen über die Arbeit. Das ist das, womit ich die BP-Familie assoziiere. Das ist jetzt zwar auf ihn zugeschnitten, aber es ist halt unter diesem T-Shirt passiert. Na ja, halt BP...

„Blau war die doch schon immer." Wie die Kunden sich umstellen

Das Umrüsten von BP-Stationen auf Aral war eine strategische Entscheidung, die auf die in Deutschland bekanntere und stärker verbreitete Marke setzte. Auch wenn dies aus Konzernsicht eine strategische Logik hat: Sehen das die Kunden vor Ort genau so? Finden sich BP-Kunden mit einer blauen Markenwelt ab? Oder: Wie kommen BP-Kunden in der blauen Aralwelt zurecht? Was bindet und hält sie an ihrer Tankstelle, die nun ganz anders aussieht?

Kunden einer BP-Tankstelle im Gespräch mit Claudia Mennicken

Schließlich hat sich gezeigt, dass Aral- und BP-Kunden zu „ihren" Tankstellen(marken) unterschiedliche Markenbilder haben und dass sie für die Bindung an eine Marke ganz gewisse Elemente schätzen (siehe Artikel zu Markenbildern). Um die Reaktionen der Kunden einzufangen, haben wir diese während des Prozesses begleitet und diese vor, während und nach dem Umbau einer BP-Tankstelle mitten in Deutschland befragt.

Die Studie

An einer BP-Station in Wettenberg, in der Nähe von Gießen, wurden vier Wochen vor dem geplanten Umbau, während der zwei Wochen Umbauzeit und vier Wochen nach dem Umbau insgesamt über 120 Kunden befragt. Der Umbau der Tankstelle fand im August 2003 statt.

Vor dem Umbau interessierte uns vor allem, ob überhaupt bekannt war, dass BP die Marke Aral übernommen hat und BP-Stationen zu Aral-Tankstellen umgerüstet werden sollen, sowie was die Kunden davon halten.

Während des Umbaus wollten wir auch erfahren, was für Gefühle diese wahrgenommene Veränderung auslöst und welche Erwartungen oder Befürchtungen man als Kunde an eine Aral-Tankstelle hat.

Nach dem Umbau stand die Frage im Mittelpunkt, welche Erfahrungen die Kunden nun mit Marke Aral gemacht haben.

Grün und Blau: Die Pre-Phase

Unsere Studie zeigte, dass vier Wochen vor Beginn des Umbaus die wenigsten Kunden wussten, dass die Marke Aral vom Unternehmen BP gekauft wurde. Vor allem hätten nicht wenige Kunden angenommen, dass umgekehrt Aral BP gekauft hätte. Bei den BP-Kunden setzte Verwirrung ein, als sie (zumeist erst im Interview) erfuhren, dass „aus grün blau" wird, denn schließlich hatte doch „ihre" Marke, BP, die Marke Aral übernommen. Ihnen wäre es nach der Übernahme wesentlich verständlicher gewesen, wenn BP als alleinige Marke oder beide Marken weiter existiert hätten. Wie heftig die Kunden teilweise darauf reagierten, zeigt das folgende Zitat:

> „Nee, alles wird blau? Was soll denn dieser Quatsch? Wer hat sich denn diesen Blödsinn ausgedacht? Ich glaube es nicht. Das ist ja so ein Schwachsinn wie: Condor wird James Cook durch Umlackierung. Obwohl es immer noch Lufthansa ist, nach wie vor. Das ist doch ein Schwachsinn. Ja dann habe ich BP gar nicht mehr. Diese alte Traditionsfirma ist ja dann für keinen mehr sichtbar. Dann heißt ja alles Aral, obwohl es BP gehört. Das kann ich nicht nachvollziehen, das ist für mich schizophren. Tut mir Leid."

Die BP-Kunden verbanden mit dem Umrüsten den Verlust der von ihnen oft als gemütlich eingeschätzten Atmosphäre von BP (siehe Beitrag zu Markenbilder). Die Marke Aral transportierte für sie eher eine unangenehme helle und anonyme Atmosphäre. Sie hatten auch Befürchtungen, dass nicht nur die geschätzte Anmutung der Tankstelle selbst damit verloren ginge, sondern diese auch hinsichtlich Größe und Konzept dem als modern und ungemütlich eingeschätzten Aral-Modell folgen würde. Außerdem wurde befürchtet, dass auch das zweite Bindungselement, die persönliche Beziehung zum Personal und Pächter verloren gehen könnte.

Aus Grün wird Blau: Der experimentelle Faktor

Der Umbau der BP-Tankstelle, der sich wie an anderen Standorten auch, etwa über zwei Wochen erstreckte, kam für einen großen Teil der befragten Kunden überraschend:

„Ich habe auch grad zu meinem Mann gesagt: Guck mal, jetzt waren wir eine Woche im Urlaub, und nun bauen sie die Tankstelle um."

Sie wussten während dieser Umbauphase auch zumeist nicht, was sie da zukünftig erwarten wird:

„Wir haben uns gerade gefragt, was denn hier passiert."

Auch zu diesem Zeitpunkt war den wenigsten Kunden an dieser BP-Tankstelle klar, dass BP die Marke Aral gekauft hatte. Im Gegenteil: Es „klärte" sich nun vermeintlich auch für einige BP-Kunden auf, was sie schon länger an ihrer Tankstelle vermutet hatten:

„Das hier ist eigentlich schon länger eine Aral. Aral hat vor einigen Monaten die BP übernommen. Jetzt wird diese Tankstelle wohl den anderen Aral-Tankstellen angepasst. Der Aral-Benzinlaster kommt ja auch schon länger hierher. Den habe ich schon ein paar Mal gesehen."

Damit unterscheidet sich das Umrüsten von BP auf Aral nicht wesentlich vom Wettbewerb. So glaubten einige Kunden auch, dass nun „alle Shell-Stationen zu Esso werden" und man angefangen habe, „die Dea auf Agip umzulackieren".

Konfrontiert mit den realen Hintergründen der Übernahme, dass eigentlich BP die Marke Aral übernommen hat, reagierten die Kunden zumeist verwirrt. Heftige Reaktionen wie vor dem Umbau blieben aber aus. Als BP-Kunde sieht man sich nun vor vollendende Tatsachen gestellt:

„Finde ich zwar nicht gut, aber was soll ich mich da jetzt noch groß aufregen."

„Ja, mir wäre es lieb gewesen, es wäre alles so geblieben, wie es war. Einfach so. Ja, und jetzt lasse ich mich überraschen, wie es wird. Ich werde aber bestimmt super lange brauchen, um mich daran zu gewöhnen."

Ein Kunde freute sich besonders darüber, dass hier „noch etwas Altes von BP erhalten bleibt, diese grün golben Schildchen auf den Tanksäulen"; was als Zwischenstadium beim Umbau allerdings nicht von langer Dauer sein sollte.

Der Umbau als solcher wurde von den befragten Tankstellenkunden als wenig störend und belästigend erlebt, wie es diese Kundenaussagen illustrieren:

„Eigentlich geht es. Ich kann ja noch hierher fahren und tanken, mit ein paar Behinderungen. Aber das ist bei Umbauarbeiten so. Da muss man ein bisschen Rücksicht drauf nehmen. Da ist nichts dran zu machen. Aber so lange wird das ja nicht dauern. Bis ich das nächste Mal zum Tanken komme, ist bestimmt alles fertig."

„Irgendwer muss es ja machen. Irgendwann muss es ja auch gemacht werden. Es ist aber noch genug Platz zum Rein- und Rausfahren da."

„Ich denke, das ist mal ein bisschen Abwechslung mit dem Umbau hier. Man sieht mal was anderes."

Interessanterweise wurde die Tankstelle schon während des Umbaus als eine Aral-Tankstelle wahrgenommen, obwohl noch das BP-Markenzeichen an der Tankstelle prangte und sowohl der Shop als auch die Waschstraße noch ihre grün-gelbe BP-Optik präsentierten. Allein an der Farbe wird die Station aus Kundensicht wohl doch schon als eine Aral-Tankstelle identifiziert.

So erzählten einige Kunden, die ansonsten bei Aral tanken, dass sie deshalb hier zum Tanken gehalten hätten, weil sie dachten, es handele sich um eine Aral-Tankstelle:

„Ich dachte, das wäre hier schon immer eine Aral-Tankstelle. Irgendwie habe ich nur gesehen, es ist blau hier. Stimmt, aber jetzt, wo Sie fragen, das Aral-Zeichen habe ich gar nicht gesehen."

„Ich dachte, das wird hier jetzt eine BP-Tankstelle. Ich habe eigentlich gar nicht groß drauf geachtet. Ich habe nur die blauen Zapfsäulen gesehen und gedacht, das sei eine Aral-Tankstelle."

Bezogen auf die Umbaumaßnahmen und die zu erwartenden Änderungen, reagierten die Kunden zumeist getreu dem Beckenbauer'schen Motto: „Schaun mer mal". Die Kunden nahmen zunächst wahr, dass sich die Farben ändern. Die Reaktionen hierauf fielen unterschiedlich

"Ja, was, war diese Aral
früher eine andere Marke,
oder was?
Blau war die doch schon
immer."

aus. Ein Teil der Kunden betonte, dass die Farbe Blau eine „angenehme", „freundliche", „schöne" und „hübsche Farbe" ist. Bei einigen Kunden ist blau sogar die erklärte „Lieblingsfarbe":

> „Blau ist meine Lieblingsfarbe, auch wenn ich hier immer bei BP getankt habe – ist vielleicht eine typische Frauenantwort."

Ein kleinerer Teil der Kunden empfand das BP-Grün nach wie vor als „schöner", „wärmer", „sympathischer" und „nicht so auffällig wie das Blau". Das Spektrum reichte dabei bis zur kompletten Ablehnung von Blau:

> „Blau ist keine Farbe. Blau ist ein Zustand."

> „Das Blau passt hier nicht so schön in die Landschaft wie das Grün."

Bei darüber hinausgehenden Änderungen reagierten die Kunden gemäß der von ihnen gepflegten Markenbeziehung. Bei BP-Kunden finden sich zwei unterschiedliche Bindungsmuster: Orientierungsprägung und Beziehungsprägung (siehe Artikel zu Markenbildern). Der erste Kundentyp schätzt die (anonyme und unpersönliche) Orientierung an der Tankstelle – hervorgerufen durch ein Geschäftssystem, das als ergonomisch und bequem auch in Bezug auf die zugehörigen (Geschäfts-)Prozesse erlebt wird. Die orientierungsgeprägten Kunden hoffen, dass außer der Farbe sich möglichst nichts oder nur wenig am bekannten Setting ihrer Tankstelle ändert:

> „Ich hoffe, dass alles so bleibt, wie es bei BP war. Ich habe mich hier gut zurechtgefunden."

> „Also, ich hoffe mal, dass es so bleibt, dass der Laden da drinnen so bleibt und auch weiterhin rund um die Uhr geöffnet ist. Da konnte ich ja wie im Edeka alles kaufen, und das fand ich eigentlich gut so."

> „Ich würde es schön finden, wenn es so bleibt wie immer, wenn die Öffnungszeiten bleiben und wenn man sich hier an der Tankstelle immer noch irgendwas kaufen kann, auf was man grad Lust hat, Süßigkeiten oder so. Ja, ich finde es auch schön mit dem kleinen Bistro da drinnen. Da konnte man sich da mal noch ein Brötchen oder was anderes mitnehmen. Also, ich fand es schon toll, so wie es war."

Beziehungsgeprägte Kunden, die bei der Marke BP in einem höheren Anteil vertreten sind, schätzen hingegen das persönliche Verhältnis zum Pächter oder Tankstellenpersonal. Sie hoffen vor allem, dass das

Personal der Tankstelle auch nach dem Umrüsten dasselbe bleibt:

> „Ich tanke hier immer, wenn ich in die Gegend komme. Das sind nette Leute hier. Die sind so höflich und freundlich und immer gut gelaunt. Hoffentlich bleiben die hier. Das wollte ich mal loswerden."

> „Es geht auch um den Service, um die Leute, die man hier kennt. Das ist halt wie so ein Stamm, die gehören dazu. Daran wird sich hoffentlich nichts ändern."

> „Ich hoffe, dass der Service bleibt. Dass die Leute genauso freundlich sind."

> „Ich weiß jetzt nicht, wie das jetzt mit den Leuten hier werden wird, ob die auch weiterhin hier arbeiten. Die waren super nett und total freundlich. Und wenn dann wieder neue Gesichter kommen, dann muss man sich dann auch erst wieder dran gewöhnen."

Grün ist Blau geworden: Was nun?

Vier Wochen, nachdem diese BP-Tankstelle auf Aral umgerüstet wurde, haben wir dort nochmals Kunden befragt. Die Reaktionen waren einhellig. Die einzige Änderung, die durchweg wahrgenommen wurde, war der Farbwechsel: Ihre grüne BP-Tankstelle ist nun blau geworden, was vor allem nachts auffällt:

> „Ja, die Beleuchtung, weil das ja nachts beleuchtet ist. Das ist mir aufgefallen. Ich wohne da oben gleich im Ort und kann das direkt abends hier sehen."

Die Kunden sprachen also nicht davon, dass die BP-Station zu einer Aral-Tankstelle geworden ist. Was der Markenwandel zukünftig für sie bedeutet, können viele noch nicht absehen:

> „Über Aral habe ich mir noch keine Gedanken gemacht. Da kann ich wenig zu sagen. Ich war immer bei dieser BP. Da hat man hier im Dorf getankt."

> „Da muss ich ehrlich sagen, von Aral habe ich eigentlich gar keine Vorstellung."

Weitergehende Veränderungen, die über den Farbwechsel hinausgehen, waren den Kunden kaum aufgefallen:

> „Das Äußere ist ein bisschen anders geworden."

> „Also, ich hab da jetzt nichts Schlechtes bemerkt. Es ist halt ein bisschen ungewohnt. Wir hatten immer Grün hier, jetzt ist es auf einmal Blau."

Die während des Umbaus geäußerten Befürchtungen, dass sich das Personal ändern könnte, werden nicht angesprochen. Gleiches gilt für die Orientierungsleistung des Geschäftssystems; auch hier scheint sich in den Augen der Kunden noch alles an seinem gewohnten Platz zu befinden. Manche waren überrascht, dass es hier noch BP-Diesel zu kaufen gibt:

> „Das Einzige, was ich hier nicht verstehe, sind die zwei grünen Lkw-Diesel-Säulen."

> „Irgendwie kann man hier noch BP-Diesel kaufen. Warum frage ich mich? Was soll das?"

Befragte Kunden, die diese Tankstelle nicht regelmäßig nutzten bzw. das erste Mal an dieser Tankstelle waren, bezweifelten, dass es sich hier um eine frühere BP-Station handelt. Sogar zwei Kunden dieser Tankstelle, die zudem im anliegenden Ort wohnen, meinten:

> „Ja, was, war diese Aral früher eine andere Marke? Nein, kann nicht sein! Blau war die doch schon immer."

> „Ja, das war doch vorher eine Shell-Tankstelle, oder?"

Von BP zu Aral – Ein weiter(er) Weg

Die Kundenreaktionen zeigen, dass die Umrüstung einer BP-Station auf die Marke Aral nicht sofort mit einem Re-Branding in den Köpfen der Kunden einhergeht. Aus Kundensicht hat die Tankstelle vor allem ihre Farbe von Grün auf Blau geändert; nicht mehr, aber auch nicht weniger. Die Farbe ist – wie unsere Studien gezeigt haben – oftmals der konsensuelle Kern einer starken Marke. Die Farbwahrnehmungen und ihre Assoziationen sind es auch, welche die Oberfläche eines Markenbildes prägen. Insofern ist das Wahrnehmen und Erleben einer Markenfarbe ein erster, strategisch wichtiger Schritt, um ein neues Markenbild in den Köpfen der Kunden zu verankern. Markenbilder, so belegen es unsere Studien, resultieren aber aus mehr als reinen Oberflächenphänomenen wie etwa den Assoziationen mit einer Marke: Markenbilder entwickeln sich aus einer Gemengelage von persönlichen Erfahrungen und Erlebnissen.

Diese Erfahrungen haben die BP-Kunden mit der Marke Aral an ihrem Tankstellenstandort noch nicht sammeln können. Erst zukünftig wird sich also zeigen können, welche Markenbilder sich bei ehemaligen BP-Kunden jenseits der Farbe in ihren Vorstellungswelten verankern werden. Offen bleibt überdies, inwieweit das neue Markenbild von Aral auch mit einem neuen Markenbild von BP einhergeht; denn die Marke Aral wird zukünftig als „Ein Unternehmen der BP Group" geführt.

RESÜMEE

Identität, Kultur und Chamäleons – Erfolgsgeheimnisse einer Marke

Bernd Vangerow im Gespräch mit Bettina Lehmann

Interview mit Bernd Vangerow, Head of Brand, über die Philosophie, Erfolgsfaktoren und Risiken des Brand Managements

Herr Vangerow, wie lautet Ihre persönliche Definition von Marken- bzw. Brand Management?

BV: Brand Management ist eine Kapelle, in der Sie mehrere Instrumente gleichzeitig spielen müssen, anderenfalls entsteht Einklang – eine Monotonie, die den Facettenreichtum einer Marke nicht vermitteln kann. Brand Management muss also mehr sein als Marktforschung, Visual Standards oder die Definition der richtigen Schriftgröße. Gutes Brand Management ist polyphon. Es reagiert darauf, wer unten im Konzertsaal sitzt, und bietet dann Klassik oder ein ordentliches Rockkonzert – je nachdem. Ein Brand Manager muss all diese Klaviaturen beherrschen und sich immer schnellstmöglich umstellen können. Er müsste ein Chamäleon sein. Das Chamäleon ist immer ein und dasselbe Tier, aber es verändert sich in Abhängigkeit von der Umgebung.

Wie lauten die wichtigsten Gebote des Brand Managements?

BV: Zunächst: Brand Management muss direkt beim Vorstand angesiedelt sein. Brand Management ist kein Werkzeug des Marketings, sondern umgekehrt. Das zweite Gebot sollte sein, Brand Management nur mit einer Person besetzen, die ein tiefes Verständnis für fremde Kulturen mitbringt. Ich würde Brand Management niemals – drittes Gebot – im Marketing ansiedeln oder dem Marketing unterordnen. Marke sollte immer ganz oben angesiedelt sein, sprich: Marke gleich Unternehmen. Diese Positionierung ist für mich wichtiger als ein großer Etat. Aber – viertes Gebot: Sie brauchen zumindest die Einflussnahme oder eine Art Controlling über die Marketing-Etats. Es sind wenige Dinge, die notwendig sind, das ist vielleicht auch das Faszinierende daran. Allerdings: Es reichen auch einige wenige Fehler, um zu scheitern.

Taucher sein

Welche besonderen Eigenschaften muss ein Brand Manager erfüllen?

BV: Wenn man Brand Management mit Sportarten vergleicht, würde ich sagen: Man muss Taucher sein, um in die Gefühle und Absichten der anderen eintauchen zu können. Man muss Segler sein, der immer einen Kurs verfolgt, hart am Wind segeln und manchmal auch mit einer Flaute leben kann. Sie müssen ein Eishockey- oder Basketballspieler sein, um als Teamplayer ans Ziel zu kommen. Sie müssen ein Marathonläufer sein mit unglaublicher Ausdauer, vielleicht sogar eher Triathlet. Sie dürfen auf der Strecke nicht verhungern.

Und wer ist der Schiedsrichter?

BV: Der Schiedsrichter ist der Kunde, nicht der Vorstand.

Sie betreiben jetzt sieben Jahre Markenarbeit bei Aral und nun auch
bei BP. Was haben Sie in dieser Zeit gelernt?

BV: : Ich habe gelernt, eine Marke, die in der Akzeptanz schon sehr
weit entwickelt war, noch weiter zu entwickeln – mit dem ganzen Instrumentarium, das einem Brand Manager zur Verfügung
steht.

Was macht Aral als Marke so stark?

BV: Die Marke Aral ist 100 Jahre alt und in einer Zeit groß geworden, als Marken noch wachsen konnten. Das, was ich als Brand
Manager bei Aral in den letzten fünf Jahren erreicht habe, ist
folglich ein Feinschliff – mit großer Unterstützung aller Mitarbeiter, denn jeder Manager ist nur so gut wie das Team um ihn
herum. Die Mitarbeiter, ihr Engagement, ihre innere Haltung und
der Stolz auf die Marke haben Aral stark gemacht.

Und wo liegen die Schwächen?

BV: Gemessen am Potenzial von Aral gibt es nicht viele Schwächen
der Marke. Die Marktforschung bestätigt das. Wir sind immer
noch auf Platz eins. Man könnte die Marke heute noch ein wenig höher drehen, so marginal, dass der Markt es gar nicht mer-
ken würde. Man könnte mit sauberen, kleinen Essenzen diesem
Duft noch etwas beimengen. Die Frage lautet jetzt aber nicht
mehr, was Aral will, sondern welche Strategie die Dachmarke
BP verfolgt. Und das ergibt ein ganz neues Bild. Aral hat keine
Schwächen, ansonsten hätte man sich nicht dafür entschieden,
diese starke Marke in Deutschland zu belassen – als Masterbrand im House of Brands.

Ist Aral eine „deutsche" Marke?

BV: Wenn „deutsch" gleich sauber, diszipliniert und konsistent ist,
ja, dann ist Aral deutsch. Ich höre das immer wieder, aber für
mich ist Aral nicht deutsch, sondern europäisch. Schließlich war
die Marke auch in Österreich, Tschechien und in Polen vertreten.

Brand Management muss nach außen wirken und von innen Überzeugungsarbeit leisten. Gibt es dabei
Prioritäten?

BV: Die Marke kann nur von innen wachsen. Ich vertrete die Marke nach außen ja nicht allein. Brand Management bei BP – das sind 110 000 Mitarbeiter, die weltweit als Multiplikatoren des Marken-Portfo-
lios auftreten und darum die Marke verinnerlicht haben sollten. Innerhalb der Company sollten darum
regelmäßige Team-Schulungen erfolgen, bei denen die Strategie sozusagen „eingeatmet" werden

kann. Etwas, von dem man nicht überzeugt ist, kann man nicht vermitteln. Wenn ich meine eigene Identität nicht kenne, wenn ich nicht weiß, wer ich bin, zu welchem Familienwappen ich gehöre, wenn ich die Identität der Marke nicht kenne, die ich verkörpern soll, dann kann ich sie nach außen nicht leben.

Unter Ihrer Leitung hat sich das Erscheinungsbild der Marke Aral sichtbar verjüngt: neues Blau, neue Schrift, neues Layout. Es gibt einen Markenknigge und den so genannten „Markenkorridor" mit definierten Gestaltungsregeln. Was hat sich durch den Zusammenschluss von Aral und BP an Ihrer Tätigkeit geändert?

BV: Wir haben im Jahr 2003 begonnen, das Zusammenwachsen beider Unternehmen zu unterstützen, weil deutlich wurde, dass es an einer gemeinsamen Identität fehlte. Die Unternehmenskulturen von Veba, von Aral, alter und neuer BP existierten nebeneinander. In London hat man erkannt, dass unser „Mindsetting in Blue" erfolgreich war. Das soll nun auch für BP erreicht werden. Und das ist auch notwendig. Derzeit findet eine Art Zickzack-Lauf zwischen den Markenwelten statt. Man verwendet das Logo von BP, das Logo von Aral, man denkt blau und ein wenig grün – oder umgekehrt. Für Aral haben wir ein Factbook zusammengestellt, das den Umgang mit der Marke regelt. Diesen Drive und die Verhaltenssicherheit, die wir damit erreicht haben, müssen wir jetzt auch für das „Mindsetting in green" nutzen, aber nicht im Sinne eines restriktiven Controlling, sondern als ganzheitlichen Ansatz für das gesamte Unternehmen.

Was ist das Besondere am „mindsetting in green"?

BV: Markenarbeit muss immer ganzheitlich sein, anders kann sie nicht funktionieren. Ich kann nicht über Aral und BP getrennt reden oder bei Aral stehen und die ethischen Grundsätze von BP ignorieren. Wir sind jetzt eine Company, auch wenn wir unter der Marke Aral verkaufen. Die Marke umfasst heute ein riesiges Markenportfolio. Darin stecken Chancen, die sich nicht nutzen lassen, wenn man sich nur auf einem schmalen Pfad bewegt.

Es ließe sich aber auch umkehren. Sind es der Identitäten nicht zu viele?

BV: Ja, das ist wohl richtig. Wer Konsistenz will, braucht eine übergreifende Identität. Momentan geht es darum, aus einem Ahorn- und einem Eichenbaum eine neue Art zu generieren. Das Ergebnis wird unterschiedliche Blätter haben, aber zu einer Gattung gehören, einer Gattung, die jedoch anders aussehen wird als die alten Marken. Auch die alte BP hat sich verändert. Es gibt eine neue BP, die für „beyond the petroleum" steht. Brand Management muss sich auf beide Positionen stellen können, es muss die Kundensicht wie die unternehmensinterne Sicht verstehen. Ein Brand Manager muss internes Marketing betreiben, ein Marketier in eigener Sache sein und sich als Agentur wie als Dienstleister verstehen. Das ist entscheidend, sonst kann ich das, was ich vom Kunden und von den Mitarbeitern erwarte, intern nicht verkaufen.

Es gibt im Schwäbischen einen schönen Begriff „Ich schaff beim Daimler..." – eine schlanke Umschreibung für Arbeitsplatzsicherheit, Kollegen, Unternehmenskultur. Es ist eine Welt für sich, eine Identität, in die der Mitarbeiter hineinsozialisiert wird und sie deswegen auch „leben" kann...

BV: Die Identitäten werden heute schwieriger. Daimler ist nun DaimlerChrysler. Aber Chrysler ist eine amerikanische Kultur und Mercedes kommt aus Deutschland. Das wechselseitige kulturelle Verständnis ist oft schwierig. Wenn Sie im Brand Management einer solch großen Company arbeiten, dürfen Sie keine Berührungsängste mit soziokulturellen Unterschieden haben.

Kann das aufgehen: Global Brand Management mit unterschiedlichen Kulturen? Gibt es einen kleinsten gemeinsamen Nenner, bei all diesen Brüchen, Verwerfungen und kulturellen Umdeutungen?

BV: Letztlich geht es hier um „glokales" Denken. Wir brauchen globale Ansätze, die in lokale Lösungen umgesetzt werden. Den allumfassenden globalen Ansatz wird es niemals geben. Nehmen wir an, ein Designer-Team entwickelt ein neues Logo. Irgendwann kommt diese kleine, elitäre Gruppe mit diesem Entwurf nach Südamerika und das, was man geschrieben oder verbildlicht hat, gilt dort als antireligiös. Dann haben Sie verloren.

Aber es gibt sie, die globalen Marken. Nehmen wir mal Coca-Cola...

BV: Coca-Cola ist kein erklärungswürdiges Produkt: Jeder hat Durst. Wir arbeiten in der Erdölindustrie und unser Produkt ist in hohem Maße erklärungsbedürftig, obwohl es dem Konsumenten ermöglicht, Teil der mobilen Gesellschaft zu sein. Coca-Cola hat nur ganz wenige Produkte und entwickelt nicht diese großartige Dienstleistung eines Unternehmens wie BP. Das ist der Unterschied zwischen Produktmarken wie Coca-Cola und Dienstleistungsmarken wie BP, die ganz andere Ansprüche stellen.

Das ist sicher eine notwendige, aber keine hinreichende Erklärung. Es gibt zum Beispiel keine globale Mineralwassermarke. Ein Blick in die Geschichte von Coca-Cola zeigt, dass auch ganz andere Mechanismen eine Rolle spielten.

BV: Die Frage ist: Ist das heute in unser aufgeklärten Kultur noch möglich? Als Coca-Cola diesen Durchbruch geschafft hat, war der Globus noch nicht so durchkommuniziert wie heute. Früher war es möglich, gewissermaßen versteckt zu arbeiten, ohne dass es jemand erfahren hat, weil keiner chinesische Zeitungen las, zum Beispiel.

Ist da nicht der Verdacht nahe liegend, dass heute alles zu schnell geht, um eine Marke organisch aus sich heraus zu entwickeln?

BV: Man muss heute circa 100 Millionen Dollar ausgeben, wenn man alleine in Deutschland als Marke bekannt werden will. Yellow hat circa 80 Millionen investiert und eine Weile lang war der Strom in Deutschland gelb. Die Nachhaltigkeit aber ist nicht sehr groß. Erstens gehört also genügend Größe dazu, um diese Summen zur Verfügung zu haben. Zweitens spielt der Break-even eine wichtige Rolle. Was sagen meine Shareholder dazu, wenn ich eine solche Kommunikation betreibe? In der Zeit von Coca-Cola war die Markenvielfalt viel kleiner, die Kommunikation verlief weltweit viel langsamer. Dies begünstigte, dass sich ein Markenpflänzchen festigen konnte. Heute stecken Sie den Apfelbaum in die Erde, powern ihn mit Kommunikations-Stickstoffdünger im Wert von 100 Millionen Dollar voll und erwarten, dass er nach einem Monat Obst in Höhe dieses Investitionsvolumens trägt. Das funktioniert nicht.

Welche Maßnahmen sind für das Brand Management der Zukunft am wichtigsten?

BV: Wenn wir auf Dauer eine der weltweit führenden Marken werden wollen, müssen wir uns innerhalb der Ölfirmen absetzen. Das kann nur gelingen, wenn wir etwas wirklich Einzigartiges schaffen und nicht darüber nachdenken, ob unser Kundenbindungssystem besser ist als das von Douglas zum Beispiel. Wer im Brand Management eine Vorreiterfunktion spielen will, muss dies in allen Ebenen des Marketings und der Werbung spürbar werden lassen. Krombacher ist mit der Regenwaldkampagne neue Wege gegangen. Letztlich sagen die Kunden: Ich kaufe jetzt dieses Bier, dann rette ich den Regenwald – ein geniales Prinzip.

Immerhin gab es dafür eine Abmahnung...

BV: Das macht doch nichts. Der Kerngedanke von Krombacher war doch seriös: Wir wollen, dass der Mensch, der unser Produkt kauft, sich für den Umweltschutz engagiert. Diese Idee finde ich sehr gut.

Thema Vorbilder: In letzter Zeit boomen Veranstaltungen, die das Thema Vorbild im Titel führen. Das Fernsehen suchte den größten Deutschen, der „Stern" führte eine Umfrage über Vorbilder durch... Wenn Produkte so schwierig oder einander so ähnlich sind und der Markt immer globaler wird – liegt der Erfolg des Brand Manage-

ments zukünftig darin, Vorbilder zu schaffen?

BV: Das Sich-Erinnern an Vorbilder ist ein Rettungsanker für den Werteverlust innerhalb der Gesellschaft. Der Italiener sagt: „Die Tradition ist ein Geschenk der Vergangenheit an unsere Tage." Bei uns aber gilt Tradition als etwas Überholtes. Das führt zu einem immensen Werteverlust, zur Suche nach Orientierung und Identität. Wer diese Identität bei sich selbst nicht mehr findet, findet sie vielleicht in einem Produkt. Möglicherweise ist das die Faszination, die Kids heute dazu bringt, Nike zu tragen. Soziokulturell und markenstrategisch betrachtet, liegen darin viele Möglichkeiten, vorausgesetzt, man arbeitet nach ethischen Prinzipien. Tut man dies nicht, kann man sehr viel Unsinn damit machen.

Genauso schnell, wie eine bestimmte Marke Kinder und Jugendliche fasziniert, kann diese Faszination auch wechseln. Heute Dickies, morgen Carhartt, übermorgen irgendein anderes Label. Worin bestehen die Folgen für das Brand Management?

BV: Für Markenmanagement und Werbung bedeutet es, dass die Entwicklung schwerer einschätzbar ist. Es bedeutet, dass kulturelles Verständnis nötig ist, um Marketing und Markenmanagement überhaupt betreiben zu können. Wer sich nicht die Mühe macht, Kulturen zu verstehen, und nicht am Puls der Zeit horcht, sondern im Elfenbeinturm eines Konzerns Markenmanagement macht und sich lediglich auf Marktforschungsinstitute verlässt, handelt dem Konzern gegenüber unverantwortlich. Denn nachhaltige, langfristige Wertbildung lässt sich so nicht sichern.

Wie lautet Ihre Vision für eine erfolgreiche Personalpolitik im Brand Management?

BV: Ich halte sehr viel von Tradition, das ist das, was beim Job-Hopping verloren geht. Das Unternehmen verliert Gehirn. Der Erfolg für den Einzelnen ist gut, der Erfolg fürs Unternehmen ist fragwürdig. Ich denke, dass das Unternehmen BP seine Strategie dahingehend ändert. Ein Job muss nachhaltig und langfristig von einer Person geführt werden, länger als zwei Jahre. Das können Sie in die fünf Regeln des Markenmanagements mit aufnehmen.

Gibt es eine Markenmanagement-Botschaft, die aus Ihrer Sicht besonders wichtig ist und die Sie gerne noch unterbringen möchten?

Botschaft

BV: Unternehmen in der Größenordnung, wie sie heute bestehen, haben ein hohes Maß an gesellschaftlicher Verantwortung. Darum sollten sie soziale Kompetenz engagiert übernehmen und Gesellschaft mit gestalten. Bei Unternehmen wie BP, die mit 120 000 Mitarbeitern ganze Kulturkreise beeinflussen, ist diese Verantwortung immens. Wir beschäftigen uns mit uns selbst, mit dem Profit, mit dem Wettbewerb, mit Marketing und Advertising, mit guter Leistung usw. Wir versuchen, unsere Mitarbeiter zu führen, sie vernünftig weiterzuentwickeln... Aber wo ist die Pflege der Tradition? Wo ist die Pflege der Kultur? Dieses Maß an Verantwortung beherzigen die Konzerne aus meiner Sicht noch zu wenig.

Meine letzte Frage: Auf welchen Erfolg in Ihrer Tätigkeit als Markenmanager sind Sie besonders stolz?

BV: Auf meine Bekanntheit im Unternehmen, weil sie zeigt, dass meine Arbeit viele Leute erreicht hat.

Herr Vangerow, herzlichen Dank für das Gespräch.

Aus grün wird blau – und dann? Szenarien eines neuen Markenuniversums

Sommer 2004. Das Projekt „Umstellung der BP-Stationen auf die Marke Aral" ist abgeschlossen – zumindest äußerlich.

Auch das so genannte „Soft Endorsement" – die Amalgamierung beider Marken zu einem neuen blau-grünen Universum – ging aus Sicht der Aral-Markenhüter und im Empfinden der Aral-Kunden vergleichsweise schmerzfrei vor sich: Seit Sommer 2004 weist ein Hinweis an allen Aral-Stationen nun ausgesprochen dezent darauf hin, dass die blaue Marke nun „ein Unternehmen der BP Group" ist.

Quasi „unter der Hand" und nur von wenigen bemerkt, vollzog sich bei BP zugleich ein weitaus radikalerer Wandel. Aus BP wurde bp, das altbekannte „Shield" mutierte zum „Helios Mark". Das für viel Geld umgestaltete Logo, von Spöttern gern als „Pril-Blume" etikettiert, symbolisiert eine unternehmensstrategische Entscheidung weit größerer Reichweite: Um die Zukunft des Unternehmens langfristig zu sichern, entwickelte das Top-Management von BP eine neue Perspektive, die nun „Beyond Petroleum" reicht und für ein neues Selbstverständnis steht. Neu formulierte Markenwerte und ein neues Corporate Design sind Ausdruck dieses umfassenden Business Re-Engineerings, neben dem die Aral-Übernahme fast als „quantité négligeable" erscheinen mag.

Fusion + Re-Design = neue Deutsche BP – diese Gleichung geht zwangsläufig nicht ohne Verwerfungen, Brüche und Zäsuren auf. Anpassungs- und Integrationsleistungen sind gefragt, bei Mitarbeitern, Pächtern und Kunden gleichermaßen. Denn so verheißungsvoll das Versprechen „Aral kommt, BP bleibt" anmuten mochte, so elegant geht es über die Untiefen und Sollbruchstellen eines Integrationsprozesses hinweg, der allen Beteiligten viel abverlangt.

Bernd Vangerow, als Global Brand Manager Aral und Head of BP Group Brand Germany, maßgeblich an den Integrationsprozessen der fusionierten Markenwelten von BP und Aral beteiligt, resümiert: „Die Marken BP und Aral verändern sich und bleiben sich dadurch treu. Neue Marktstrukturen und Kundenbedürfnisse brauchen Strategien, die lebendig und dynamisch auf den Wandel reagieren und dennoch die Markenpersönlichkeit und -identität stärken. An dieser Identität, der Corporate Identity, haben wir intensiv gearbeitet und dabei viel erreicht: erst für Aral nun im Sinne eines Global Brand Management für das House of Brands unter dem Dach von BP. Wir haben viel diskutiert, gestritten und um die beste Lösung gerungen. Das war nicht immer einfach. Wir sind immer noch „on the move" – und das ist auch gut so. Denn dadurch bleibt das Unternehmen ein lebendiger Organismus, der sich flexibel an neue Rahmenbedingungen anpassen kann. So sind wir nicht nur gemeinsam stärker, sondern immer am Puls der Zeit."

Erstens: die Mitarbeiter

Ob blau, ob grün – unabhängig von der persönlichen Herkunft aus der einen oder anderen Unternehmenstradition muss die jeweils „andere" Marke gelernt, verinnerlicht und im Idealfall aus Überzeugung heraus gelebt werden. Handelt es sich wie in diesem Fall um den einstigen Wettbewerber, sind Toleranz, Flexibilität und der „Sprung über den eigenen Schatten" gefragt – Qualifikationen, die zu den so genannten soft skills gehören mögen, für eine unfallfreie Fusionsgeschichte aber unerlässlich sind. Dumm nur, dass Markenfusionen dieser Größenordnung nicht zu den alltäglichen Ereignissen gehören und es ergo nur wenig Vorbilder gibt, denen man es gleichtun könnte. Auch entsprechende Seminare wird man in einschlägigen Qualifikationsangeboten nur selten finden – „Mindsetting in blue" und „Mindsetting in green" sind Übungen, die im Unternehmen selbst erfunden und durch passende Veranstaltungsformate erarbeitet werden mussten.

Über welche Wege ließ sich die Top Down-Markenentscheidung in ein engagiert gelebtes Kollektiv überführen? Workshops, Foren, Mentorenprogramme und die eigens aufgelegte Publikation „strong2gether" halfen, Verständnis füreinander zu entwickeln und die größten Verwerfungen zu glätten. Ob dadurch auf Dauer ein eingeschworenes Team entstehen kann, wird die Zukunft zeigen.

Schon die erste Phase des Zueinander-Wachsens ließ erkennen, dass eine Fusion kein Zustand, sondern ein langwieriger Prozess der kleinen Schritte ist. Wie so oft, haperte es auch hier zunächst an der Kommunikation. Information per E-Mail, auf Englisch geführte Meetings, flache Hierarchien und ein dialogorientiertes Binnenklima gehörten zu den neuen Erfahrungen, die die Ex-Aral-Mitarbeiter aus dem Bochumer Markenheimat in die weite Welt beamten. Intelligentes Markenmanagement, konsequent bis ins letzte Detail durchdacht und bewusst in der Geschäftsführung verankert – das waren die ersten Lektionen, die sich die weltweit versierten, aber markenstrategisch eher unbedarften BP-Konzernmitarbeiter ins Stammbuch schrieben. Und so groß die Vision vom gemeinsamen Markendach auch sein mochte, in der Praxis stellte schon ein einfaches Telefonat echte Probleme: „BP"? „Aral"? Wie sollten sich der Ex-BPler und der Ex-Araler melden? Wie sollten die neuen Visitenkarten aussehen?

Jenseits dieser durch geschickte Gestaltung durchaus lösbaren Herausforderungen fordert eine Fusion natürlich auch bei den Unternehmensstrukturen ihren Tribut – bei den informellen zumal. Alte „Seilschaften" werden aufgelöst, neue Entscheidungsprozesse werden etabliert, bisherige Schnittstellen müssen neu definiert, Zuständigkeiten neu abgegrenzt werden...

Bernd Vangerow sieht es positiv: „Wer sind wir? Zum einen ein Global Player in der Weltwirtschaft. Ein innovatives, leistungsstarkes Unternehmen mit beträchtlicher Bedeutung in einem immer globaler werdenden Markt. Zum anderen ein dynamisches Netzwerk, das geprägt ist von den Menschen im Unternehmen, ihren Leistungen, Visionen und ihrem persönlichen Engagement. Beides zusammen macht uns nachhaltig erfolgreich – und kennzeichnet unsere Identität. WIR sind eine starke Persönlichkeit." Geschäftlicher Erfolg und eine auf Dauer gelungene Fusion sind für ihn kein Hexenwerk, sondern Ausdruck einer authentischen Unternehmenskultur – weg von der „Top down"-Philosophie hin zur unternehmensweit verteilten Verantwortung: „Unser Weg in eine erfolgreiche Zukunft wird uns umso besser gelingen, je intensiver sich jeder Einzelne im Unternehmen das Ziel zu eigen macht, beide Marke zusammenwachsen zu lassen. Es geht also – wie so oft – um das gelebte WIR."

Der Stolz der „Blauen", „ihre" Marke zumindest im Erscheinungsbild gerettet zu haben, mag der Einsicht weichen, nun nicht mehr eigenständig, sondern schlicht „a member of the bp group" zu sein. Die „Grünen" werden das Heimweh nach dem schönen Hamburg vielleicht durch eine neue Liebe für Bochum ersetzen – und es erdulden, trotz eigener Stärke die Farben des ehemaligen Wettbewerbers zur Schau zu tragen. Vielleicht werden aber auch die alten Unterschiede fortbestehen, wird der Araler auf ewig ein Araler bleiben, blau im Herzen und der „Alles super"-Philosophie verpflichtet. Vielleicht werden die BPler noch immer grün fühlen und das blau nicht als neuen Akzent, sondern als unpassenden Kontrast erfahren...

Zwei Unternehmen, historisch gewachsen, müssen einen organischen Entwicklungsprozess durchlaufen. Ob sich dabei eine osmotische Durchdringung, eine Symbiose oder eine „Wirtsbeziehung" herausbildet, bleibt abzuwarten...

Zweitens: die Pächter

Auch die Tankstellenpächter müssen sich mit neuen Gegebenheiten arrangieren. Das fängt beim täglichen Umfeld an: vorbei die Zeit, als das grüne Shield den gewohnten Arbeitsplatz zierte. „Blau" regiert – draußen an der Station, wie drinnen im Shop und am eigenen Leib: In der markengerechten Arbeitskleidung wird die Aral-Welt nun auch von einstigen BP-Pächtern ganz unmittelbar zu Markte getragen. Im Unterschied dazu mag sich der Aral-Tankstellenunternehmer „fremd im eigenen Land" fühlen.

Die blaue Hülle blieb, doch drinnen „grünt's so grün" – beim Abrechnungswesen zum Beispiel, bei den Ansprechpartnern, bei den Entscheidungen, die längst nicht mehr nur in Bochum getroffen werden... An den Tankstellen, hier also, wo die Marke den Kunden ganz unmittelbar und als „Gesicht" begegnet, wird letztlich über Erfolg oder Misserfolg entschieden. Nimmt man dem Pächter den Farbwechsel umstandslos ab? Ist man noch Fan des Spielers, der den Fußballverein und damit das Trikot wechselt? Ist authentisch, was gestern noch unter anderer Flagge segelte?

Den Pächtern bleibt die gewiss nicht leichte Aufgabe, die Fusion glaubwürdig zu verkörpern, einerlei, welchen mentalen Mehraufwand es ihnen abverlangt. Dass in den ersten Wochen nach der Umrüstung ein Umsatzplus zu verzeichnen war, mag ihnen den Rollenwechsel erleichtert haben. Ob es auf Dauer gelingt, „Aral" zu handeln und „BP" zu denken, wird sich zeigen...

Drittens: die Kunden

Last not least sind es die Kunden, die über den Ausgang der Geschichte entscheiden werden. Auch sie müssen sich umstellen, eine neue Markenheimat finden und das Blau als Impulsfarbe zum Tankstopp dechiffrieren lernen. Sie müssen Erfahrungen mit der Marke Aral sammeln und „ihrem" Pächter auch im neuen Outfit das Vertrauen schenken. Sie werden den Spagat zwischen „Look" und „Feel" zu vollziehen haben – und mit dem Zapfhahn über Erfolg und Nichterfolg der Fusion entscheiden. Sie sind es, die „markentreu", „preisbewusst" oder „qualitätsorientiert" tanken. Und letztlich werden sie darüber entscheiden, ob die Konstellation, „Old BP" – Aral – „New bp" ein markenstrategisches Niemandsland wird, „alles super" bleibt oder neue Visionen „beyond" eröffnet werden können...

Vielleicht ist es auch eine Generationenfrage: So mancher, der mit Aral aufwuchs und mit den Eltern vor dem Italienurlaub eine blaue Station ansteuerte, wird die (an)globalisierte Marke Aral als Verlust lokaler Nähe empfinden. Hochmobile Arbeitsnomaden, die sich heute hier, morgen dort aufhalten und kulturelle Vielfalt als Normalität erleben, mögen die Fusion als Internationalisierung interpretieren und freudig begrüßen. Und vielleicht werden sich die Kinder von heute einst fragen, warum man sich um eine Antiquität wie Kraftstoff-Mineralöl nur so viele Gedanken machen konnte...

Resümee

Beyond...?

Aral kommt, BP bleibt. Unter diesem Motto wurde die Umrüstung den Kunden und Tankstellenpächtern schmackhaft gemacht. Doch: Was kam, was blieb? Wie kommt bp in Aral vor? Wie ließ sich das grüne Innenleben unter dem blauen Erscheinungsbild sichtbar machen? Diese scheinbar so simple Frage setzte einen intensiven Diskussionsprozess in Gang, dessen offizielle Bezeichnung als „Soft Endorsement" nichts von den intensiven Emotionen spüren lässt, mit dem er intern geführt wurde. So viel Phantasie BP bei möglichen Platzierungen des Helios-Logos entwickelte, so wenig „Grün" ließ das Aral-Markenmanagement zu. „Schmerzfrei" sollte er werden, der Markenmix aus blau und grün. Um zu symbolisieren, dass Aral eine Masterbrand in der BP-Markenarchitektur ist, sind seit Sommer 2004 alle Aral-Tankstellen in Deutschland mit dem Hinweis „Aral – ein Unternehmen der BP Group" versehen. Die dezente Formulierung dürfte nur wenig Bauchschmerzen bereitet haben...

Die Kommunikationskampagne, die den so genannten „Rebranding-Prozess" begleitet hat: „Aral kommt, BP bleibt.", ist somit nicht ganz zutreffend: An Aral-Tankstellen galt eher das Motto: „Aral bleibt, BP kommt." Noch dynamischer ging und geht es an BP-Tankstellen zu. Hier wurde ja nicht nur der altbekannte BP-Marken-„Shield" abmontiert und durch „Aral" ersetzt, sondern auch der neue „Helios" dazumontiert. Sinngemäß hätte es hier also lauten müssen: „Aral kommt, BP kommt."

Zukünftig wird sich zeigen, wie gut und erfolgreich sich die Übernahme auf dem Markt bewährt. Ob die „In-Fusion" der Marke bp in Aral funktioniert oder ob sich in den Köpfen der Kunden eher eine „Kon-Fusion eingestellt hat, wird sich an der Entwicklung der Umsatzzahlen oder in Imagestudien zweifelsfrei ablesen lassen. Dass mit den fünf in Deutschland verbliebenen BP-Stationen zugleich der Farbschutz gewahrt und damit ein Re-Re-Branding grundsätzlich möglich bleibt, ist dabei nur ein Indiz dafür, dass die Zukunft der blau-grünen Markenwelt offen ist...

AUTOREN UND HANDELNDE PERSONEN

Nils Bednorz

23 Jahre, ist seit Juni 2002 an einer BP-Station in Wettenberg, in der Nähe von Gießen, beschäftigt. Diese Station wurde im August 2003 auf die Marke Aral umgerüstet. Seit 1999 arbeitet er eng mit Claus Wenke (Tankstellenbetreiber) zusammen. Neben dem Job an der Tankstelle studiert er Wirtschaftsingenieurwesen in Friedberg und betreibt mit NiBe Services ein eigenes Unternehmen, das eine Reihe von Firmendienstleistungen anbietet.

Wilhelm Bonse-Geuking

Geboren am 26.08.1941 in Arnsberg/Westfalen. Verheiratet, 3 Söhne (1975, 1977, 1984). Nach seinem Universitätsabschluss als Diplom-Ingenieur (Bergbau) arbeitete er zunächst zwei Jahre bei der Landesgasversorgung Niedersachsen AG (Veba Gruppe). 1974 – 1978 war er bei der VEBA AG, Düsseldorf als Leiter des Energiestabs beschäftigt. 1978 – 1994 war er Mitglied des Vorstandes bei der Veba Oel AG für das Ressort „Exploration & Produktion". 1995 – 2002 war er bei der Veba Oel AG Vorsitzender des Vorstandes, außerdem zuständig für das Ressort „Exploration & Produktion" und Mitglied des Vorstandes des VEBA AG.
Am 01.10.2002 übernahm er neben seiner Aufgabe als Vorstandsmitglied der Deutschen BP AG auch die Aufgabe des Country President Germany.
Ab dem 22.11.2002 bis zum 30.6.2004 war er Vorsitzender des Vorstands der Deutschen BP AG. Ab dem 13.01.2003 wurde er darüber hinaus auch Head of Country Germany der Deutschen BP AG und BP Group Vice President Europe.

Dr. Uwe Franke

55 Jahre, kam nach dem Studium der Chemie in Hamburg, das er 1978 mit der Promotion abschloss, kam Franke zu BP und arbeitete zunächst für den Geschäftsbereich Chemie in Hamburg und Köln. 1986 ging er zu BP nach London und war dort in verschiedenen Tätigkeiten für Geschäftsbereiche in Afrika, dem Mittleren Osten, den USA und Kontinentaleuropa tätig.
1990 übernahm er für BP in Brüssel die Entwicklung des Tankstellennetzes in West- und Ostdeutschland, Österreich, der Schweiz und Schweden. 1992 wurde er Leiter des Handelsgeschäfts, d.h. des Heizöl- und Großhandelsgeschäfts der BP in Europa. Im September 1994 übernahm Franke die Position des Vorstandsvorsitzenden der BP Portugal in Lissabon und wurde zwei Jahre später, im September 1996, zum Vorstand für das Tankstellengeschäft der Deutschen BP ernannt. Im Januar 1998 wurde Franke Leiter der Business Unit (Geschäftseinheit) Tankstellen für Deutschland, Österreich und die Schweiz. Im Januar 1999 übernahm er zusätzlich die Funktion als Vorstandsvorsitzender der Deutschen BP

in Hamburg. Von 2001 an war er Leiter der Business Unit Retail Germany and Luxemburg. Darüber hinaus war er stellvertretender Vorsitzender des Vorstandes der Deutsche BP AG, Vorstandsvorsitzender der Aral AG und Geschäftsführer der BP Oil Marketing GmbH.
Seit dem 01.07.2004 ist er Vorsitzender des Vorstandes der Deutschen BP AG und Head of Country Germany.

Rolf Gilgen

46 Jahre, entwickelt seit über 20 Jahren Marken- und Kommunikationsstrategien. In dieser Zeit beriet er zahlreiche namhafte Markenartikler aus den Bereichen Food, Automobil, Handel, Energie, Finanzdienstleistungen und Medien. Seit 1988 arbeitet er für BBDO, Deutschlands größte Kommunikationsagentur und ist dort Geschäftsführer und Leiter der strategischen Planung.

Isabel Hauri

Isabel Hauri hat ihr wirtschaftswissenschaftliches Rüstzeug an der Universität St. Gallen (HSG) erworben. Vor ihrem Einstieg bei MetaDesign arbeitete sie in der Zentrale der Zurich Financial Services Group, wo sie für internationale Marketingprojekte in Asien und Europa verantwortlich war. Bei MetaDesign leitet sie die Beratung von Auftraggebern in strategischen Markenfragen.

Dr. Eva Heller

studierte Soziologie und Psychologie, lebt in Frankfurt am Main. Heller war zuerst Sozialforscherin beim Battelle-Institut, Frankfurt, unterrichtete als Gastprofessorin an der Fachhochschule Darmstadt und der Hochschule der Künste in Berlin und ist seit ihren Bucherfolgen freie Schriftstellerin.

Buchpublikationen zum Thema:

Wie Werbung wirkt: Theorien und Tatsachen; Fischer Verlag 1984

Wie Farben wirken; Rowohlt Verlag 1989

Wie Farben auf Gefühl und Verstand wirken; Droemer Verlag 2000

Joachim König

Jahrgang 1954, geboren in Rastatt/Baden. Abitur 1973 in Schleswig. Nach dem Wehrdienst 1976 Studium der Rechtswissenschaften an der Christian-Albrechts-Universität Kiel. Nach dem ersten Staatsexamen 1981 Referendariat in Schleswig-Holstein und im Ausland und zweites Staatsexamen 1983. Danach zunächst Rechtsanwalt in Kiel bis 1986 und ab dann juristischer Referent bei der Deutsche BP AG Hamburg. Es folgten mehrere kommerzielle Aufgaben bei BP in Hamburg und Berlin sowie 3 Jahre bei BP Exploration in London bis 1995. Nach Rückkehr mehrere Aufgaben im Tankstellengeschäft der BP, u.a. Manager Planning, Manager Real Estate sowie Strategy & Portfolio Manager mit Leitung einiger größerer Projekte, unter anderem der Umflaggung der BP Stationen auf die Marke Aral in 2003/04.

Seit Februar 2004 Leiter des Bereichs Lager & Umschlag für die Länder Deutschland, Österreich und Schweiz.

Bettina Lehmann

Bettina Lehmann, geb. 1958, Dipl.-Soziologin und Mitbegründerin von Projekt 51 Ingenieur- und Medienbüro, lebt und arbeitet – u.a. als selbstständige Konzeptionerin/Texterin und Journalistin für verschiedene Agenturen, Unternehmen und Medien.

Prof. Dr. Franz Liebl

geb. 1960, 1981–1986 Studium der Betriebswirtschaftslehre an der Ludwig-Maximilians-Universität München; 1986 –1994 wissenschaftlicher Mitarbeiter am Institut für Systemforschung der Universität München, von 1990–1994 dort stellvertretender Institutsleiter; Promotion zum Dr. oec. publ. im Jahre 1991; Habilitation im Fach Betriebswirtschaftslehre 1994 mit einer Arbeit über Strategische Früherkennung und Trendforschung. Von Oktober 1994–Oktober 1998 Inhaber des Lehrstuhls für Allgemeine und Quantitative Betriebswirtschaftslehre an der Wirtschaftsfakultät der Universität Witten/Herdecke. Seither dort Inhaber des Aral-Stiftungslehrstuhls für Strategisches Marketing. Forschungs- und Beratungsschwerpunkte: Strategisches Management, Issue-Management, Business-Design sowie Marketing unter Bedingungen gesellschaftlicher Individualisierung. 1985 Preis der Deutschen Gesellschaft für Operations Research für eine Diplomarbeit über Datennetze. Seit 1983 Veröffentlichungen zu den Themen Jugendkultur, Subkultur und experimentelle Musik. Von 1982–1990 Inhaber eines Tonträger-Labels und -Vertriebs für experimentelle Musik. Seit 1982 Teilnahme an Mail-Art- und Mail-Music-Projekten; seit 1995 Aufführung von Theorie-Performances in der Reihe »Unbekannte Theorie-Objekte der Trendforschung«. Seit 1998 regelmäßiger Kolumnist für Wirtschaftsmagazine. Herausgeber der beiden Buchreihen „Erlebniswelten" und „Cognitive Strategy Concepts"; letztes Buch: „Der Schock des Neuen: Entstehung und Management von Issues und Trends" (Gerling Akademie Verlag).

Dirk von Meer

geboren am 03.10.1966; ehemaliges Mitglied der Geschäftsleitung von Springer & Jacoby; Mitgründer der ersten wohltätigen und kostenlosen Online-Spendenlotterie www.onium.com; Gründer des Marken-Think Tanks mbcg GmbH in Hamburg und seit März 2004 geschäftsführender Gesellschafter der m:puls GmbH & Co. KG (www.m–puls.com, einer Tochtergesellschaft der Weischer.Mediengruppe; www.weischer.net), die sich auf innovative und wertschöpfende Sonderwerbeformate für Medien und Marken spezialisiert hat; Dirk von Meer arbeitete u.a. für folgende Klienten im Bereich „Markeninnovationen": Paypack, Europcar, Der Spiegel, Unicef, Bitburger, Hertha BSC Berlin.

Dr. Claudia Mennicken

geb. 1968; Dipl.-Ök.; Dr. rer.pol.; Studium der Wirtschaftswissenschaften an der Universität Hannover. Ausgezeichnet mit dem Wilhelm-Launhardt-Preis für herausragende Studienleistungen. Arbeit in Marktforschungsinstituten und im Brand Management in Deutschland und Frankreich. 1999 Promotion an der Universität Potsdam zum Thema „Interkulturelles Marketing – Zusammenhänge zwischen Kultur, Konsumverhalten und Marketing". Seit 1993 Bearbeitung und Leitung von verschiedenen wissenschaftlichen Forschungs- sowie Beratungsprojekten für diverse Konsumgüter- und Dienstleistungsunternehmen in Fragen der Strategie-, Produktentwicklung und Markenführung. Seit 1999 wissenschaftliche Assistentin am Aral-Stiftungslehrstuhl für Strategisches Marketing. Seit 1999 Veröffentlichungen zu den Themen Kultur, Medien, Kinder, Szenenbildung und Strategieentwicklung. Forschungsschwerpunkte: Markenführung, qualitative Forschungen und Trends im Konsumverhalten.

Heiner Nitsch

Dipl. Designer, 1965 Studienabschluss Diplom-Designer an der HBK, Berlin, 1967–1971 Tätigkeit für Agentur Feil, Stuttgart. Agentur BSS, Stuttgart als Art Director für Kodak, Birkel, NSU, 1971–1982 Tätigkeit in der Agentur Team/BBDO, Düsseldorf als Art Director für Aral, Gruner + Jahr, Henkel, Niemeyer, Dr. Oetker, 1982–1993 Geschäftsführer Creation CD bei der Agentur Selection/BBDO, Düsseldorf u.a. für Audi, Aral, Diebels, König Brauerei, LBS, Telecom, Privatbank Trinkhaus & Burkhardt, Dr. Oetker, Wella, 1993–1995 Tätigkeit als Gesellschafter/Geschäftsführer bei der Agentur ClausKoch Corporate Communication, Düsseldorf. Seit der Gründung der Agentur Nitsch Design GmbH, Düsseldorf, im Jahr 1995 betreut Heiner Nitsch namhafte Kunden und hat u.a. das Gesamt-CD für alle Marken der Deutsche Post AG entwickelt.

Bruno Schmidt

Bruno Schmidt hat MetaDesign 1987 als Auftraggeber kennen gelernt. 1992 wechselte er zu MetaDesign und war in Berlin als Projektleiter unter anderem für Audi und die Berliner Verkehrsbetriebe verantwortlich, später wurde er Mitglied der Geschäftsleitung.

Nach dem Studium der Germanistik, Romanistik und Geografie an der Freien Universität Berlin war er fünf Jahre als Lehrer tätig. Frühere berufliche Stationen waren das Düsseldorfer Büro der damals führenden Schweizer Werbeagentur Gisler & Gisler sowie fünf Jahre beim größten deutschen Schulbuchverlag Cornelsen, Berlin, davon drei Jahre als Werbeleiter. Seit der Eröffnung im Jahr 2000 leitet er MetaDesign in Zürich.

Dr. Jürgen Studt

Jahrgang 1955, geb. in Stuttgart. Hochschulreife 1974 in Hamburg. 1974 einjähriger Praktikumsaufenthalt bei British Petroleum in London. Studium der Betriebswirtschaftslehre in Hamburg, Abschluss als Dipl.Kfm 1979. Eintritt in die Deutsche BP AG 1979, Tätigkeitsfeld: Informationstechnologie. 1982 Promotion zum Dr.rer.pol. an der Universität Hamburg. 1986 Leiter „Pricing and Supply" in der BP Tankstellen GmbH; 1988 Bereichsleiter Planung, Controlling und Rechnungswesen. 1992 Projektleiter für alle Geschäftsbereiche der Deutsche BP AG im Rahmen eines internationalen Projektes: Reorganisation von grundsätzlichen Geschäftsprozessen und Implementierung einer internationalen Standardsoftware. 1996 Bereichsleiter Verkauf im Geschäftsbereich Tankstellen innerhalb der Deutsche BP AG; 2000–2003 Mitglied des Aufsichtsrates der Deutsche BP AG als Vertreter der leitenden Angestellten. Ab 1.2.2002: Implementation Manager für die Integration der Geschäftsbereiche Retail BP & Aral. Seit April 2004 Leiter des operativen Tankstellengeschäftes.

Dr. Wolfgang Ullrich

geb. 1967, Studium der Philosophie, Kunstgeschichte, Germanistik; Promotion 1994 mit einer Arbeit über das Spätwerk Martin Heideggers („Der Garten der Wildnis", München 1996). Seither freischaffend tätig als Autor und Dozent, ferner als Unternehmensberater (im Bereich von Marken- und Imageforschung). 1997–2003 Assistent am Lehrstuhl für Kunstgeschichte der Kunstakademie München; 2003/04 Gastprofessor für Kunsttheorie an der Hochschule für bildende Künste Hamburg. Zahlreiche Lehraufträge. Publikationen zu Geschichte und Kritik des Kunstbegriffs sowie modernen Bildwelten. – Bücher (Auswahl): Mit dem Rücken zur Kunst. Die neuen Statussymbole der Macht (Berlin 2000); Die Geschichte der Unschärfe (Berlin 2002); Tiefer hängen. Über den Umgang mit der Kunst (Berlin 2003).

Bernd Vangerow

geb. am 27. Februar 1960, ist seit 2004 als Global Brand Manager BP im Marketing & Offer Development der BP America Inc. in Chicago tätig. Der diplomierte Architekt arbeitete zunächst im Messebau, übernahm dann die Leitung der Lichtarchitektur der AEG Lichttechnik GmbH, bevor er von 1996–1999 als Leiter Marketingservices bei Philips/AEG Lichttechnik tätig war. Von 1999–2000 war er im Auftrag der Aral AG als Corporate Identity Manager für die nationale und internationale Führung der Marke Aral zuständig. Nach dem Aufbau der Abteilung Corporate Identity (2000–2001) betreute Bernd Vangerow als Director Strategic Marketing das Brandmanagement von Aral. Ab 2002 gehörte er dem Global Brand and Marketing Team des BP Headquarter London an. Als Global Brand Manager Aral und Head of BP Group Brand Germany prägte er die Integrationsprozesse der fusionierten Markenwelten von BP und Aral entscheidend mit.

Thorsten O. Voigt

geb. 1973; Dipl.-Ök.; 1993 bis 1995 Ausbildung zum Industriekaufmann (Stammhauslehre) bei der Siemens AG, Hannover; Studium der Wirtschaftswissenschaften an der Universität Witten/Herdecke mit den Schwerpunkten Strategisches Management und Operations Research von 1995 bis 2000. Studienbegleitende Werkstudententätigkeiten u.a. bei Siemens AG in Vietnam, Siemens AG Zentralabteilung Unternehmensplanung und -entwicklung in München und der Mannesmann Mobilfunk GmbH in Düsseldorf. Von 2000 bis 2002 verantwortlicher Projektleiter für Customer Relationship Management bei Schöller Direct in Nürnberg. Seit April 2002 wissenschaftlicher Mitarbeiter am Aral-Stiftungslehrstuhl für Strategisches Marketing. Forschungsschwerpunkt: Strategisches Management und soziale Bewegungen. Veröffentlichung: „Just Implement It? – Strategische Kräfte im Unternehmen mobilisieren", Logos Verlag (2003).

Ursula und Claus Wenke

Ursula Wenke, geb. 1966 und Claus Wenke, geb. 1962, betreiben seit 2002 eine BP-Station in Wettenberg, in der Nähe von Gießen. Diese wurde im August 2003 im Zuge der Rebranding-Aktion von BP auf Aral umgeflaggt. Ursula Wenke ist die Pächterin der Station. Ihr Mann Claus arbeitete 24 Jahre im Dienst der Marke BP – zunächst in Frankfurt, dann in Offenbach und nun in dem kleinen Ort nahe Gießen.

Tim Alexander Wesener

geb. 1973; Dipl.-Ök.; 1993 bis 1995 Ausbildung zum Industriekaufmann (Stammhauslehre) bei der Siemens AG; 1995–2000 Studium der Wirtschaftswissenschaften an der Universität Witten/ Herdecke mit Forschungsaufenthalt an der Stanford University; Diplomarbeit bei der Aral AG; 2000–2001 Zivildienst bei der Lebenshilfe. Seit 2001 wissenschaftlicher Mitarbeiter am Aral-Stiftungslehrstuhl für Strategisches Marketing; Forschungsschwerpunkte: Vertrauen, Markenführung, Trendforschung, Strategisches Management.

Bibliografische Information der Deutschen Bibliothek.

Die Deutsche Bibliothek verzeichnet diese Publikation in der Deutschen

Nationalbibliografie; detaillierte bibliografische Daten sind im

Internet über http://dnb.ddb.de abrufbar.

© 2005 Birkhäuser – Verlag für Architektur,

Postfach 133, CH-4010 Basel, Schweiz

Ein Unternehmen von Springer Science + Business Media

Layout/Grafik: Hackenschuh graphic design, Stuttgart

Fotos: Gottfried Pönnighaus, Löhne

Mit Unterstützung von Wegner und Partner, Bochum

Gedruckt auf säurefreiem Papier, hergestellt aus chlorfrei gebleichtem Zellstoff. TCF ∞

Printed in Germany

ISBN 3-7643-7204-4

9 8 7 6 5 4 3 2 1   www.birkhauser.ch

Impressum